O DIREITO FUNDAMENTAL DE GREVE SOB UMA NOVA PERSPECTIVA

CLÁUDIO ARMANDO COUCE DE MENEZES

Desembargador do Trabalho. Mestre e Doutorando em Direito do Trabalho.

O DIREITO FUNDAMENTAL DE GREVE SOB UMA NOVA PERSPECTIVA

LTr

LTr EDITORA LTDA.

© Todos os direitos reservados

Rua Jaguaribe, 571
CEP 01224-001
São Paulo, SP — Brasil
Fone (11) 2167-1101
www.ltr.com.br

Produção Gráfica e Editoração Eletrônica: RLUX
Projeto de capa: RAUL CABRERA BRAVO
Impressão: PIMENTA GRÁFICA E EDITORA

LTr 4825.2
Junho, 2013

Dados Internacionais de Catalogação na Publicação (CIP)
(Câmara Brasileira do Livro, SP, Brasil)

Menezes, Cláudio Armando Couce de
   O direito fundamental de greve sob uma nova perspectiva / Cláudio Armando Couce de Menezes. — São Paulo : LTr, 2013.

   Bibliografia.
   ISBN 978-85-361-2590-9

   1. Direito de greve 2. Direito do trabalho 3. Direitos fundamentais 4. Greves I. Título.

13-05714   CDU-34:331.89

Índice para catálogo sistemático:

1. Direito fundamental de greve : Direito do trabalho   34:331.89

Para você, fonte inesgotável de felicidade, obrigado.
Claudio Armando Couce de Menezes

SUMÁRIO

Introdução	11
1. Direito humanos, cultura e ideologia	15
2. Direitos humanos e fundamentais. Noções	21
3. Princípios da progressividade e da irreversibilidade	25
4. A greve como direito humano e fundamental	40
5. A titularidade do direito de greve	48
5.1. Apresentação do problema	48
5.2. Definição do sujeito do direito de greve	50
5.2.1. Tratados internacionais, resoluções e decisões de direito internacional	50
5.2.2. Direito comparado	51
5.2.2.1. Comunidade Europeia	51
5.2.2.2. Espanha	51
5.2.2.3. França	53
5.2.2.4. Outros países	53
5.2.2.5. Argentina	53
6. Greve. Incompatibilidade e irritações com a sua natureza de direito humano e fundamental	57
6.1. Apresentação do problema	57
6.2. Caracterização, espécies, objetivos e alcance da greve	58
6.3. Ações e medidas judiciais	71
6.3.1. Apresentação do problema	71
6.3.2. Interditos possessórios	72
6.3.3. Cautelares, antecipação de tutela, dissídios de greve e outras medidas judiciais	79
6.4. Multas e indenizações	83
6.4.1. Multas	83
6.4.2. Indenizações	86
6.5. Sanções aos grevistas	88
Conclusões	97
Referências Bibliográficas	101

"Um passo faz moverem mil fios,/ As lançadeiras vão e vêm/ Os fios correm invisíveis/ Cada movimento cria mil laços"
(GOETHE).

"Se tiveres cabeça, força, brio,/ Quando tudo parece que recua,/ Em ti houver apenas um vazio/ E a vontade que diz: — CONTINUA"
(RUDYARD KIPLING).

"Sai da tua infância, amigo, desperta!"
(ROUSSEAU).

"Pertence aos mecanismos da dominação proibir o conhecimento do sofrimento"
(ADORNO).

INTRODUÇÃO

A greve, fato social por excelência, pelas suas repercussões, tornou-se objeto do Direito. Primeiro como ato ilícito; após como fato e ato jurídico e, com a evolução da sociedade, como Direito. Contudo, independentemente de seu reconhecimento formal pelo direito positivo, constitui-se em um fato social inerente aos interesses contrapostos existentes na sociedade. Traduz um anseio de alterar, inverter, superar a situação das classes sociais ou categorias profissionais.

Todos os direitos dos trabalhadores remontam ou têm como caldo de cultura as lutas obreiras, que encontram na greve um instrumento precioso para implementar suas reivindicações e, outrossim, para combater a opressão econômica, a degradação de suas condições de vida e trabalho, o descumprimento ou a burla dos deveres dos empregadores.

O direito de greve é, em realidade, a conquista dos trabalhadores que mais incomoda aos empresários, dirigentes de empresa, organizações patronais, setores conservadores da sociedade (e até mesmo ao Estado), que buscam, não raro, enquadrar, restringir, regulamentar, quando não impedir o seu exercício.

Não poderia ser de outro modo, pois é um direito que se impôs aos empregadores, tomadores de serviço e ao Estado. Portanto, consiste a greve em arma básica do trabalhador na eterna luta pela sua dignidade como ser humano e pelo reconhecimento e efetivação de seus direitos.

Recorde-se que a dignidade da pessoa humana é compreendida como qualidade integrante e irrenunciável da própria condição humana. É assegurada a cada um, fazendo-o merecedor de um complexo de direitos e liberdades fundamentais que devem ser respeitados pelo Estado, pela sociedade e pelos particulares.

Neste sentido, vale lembrar que a Declaração Universal dos Direitos Humanos, apesar de não tratar expressamente do direito de greve, em seu preâmbulo ressalta ser *"essencial que os Direitos Humanos sejam protegidos por um regime de direito, a fim de que o homem não se veja compelido ao supremo recurso da rebelião contra a tirania e a opressão"*. Em seus arts. 22 a 26, entre outros, estabelece os Direitos Humanos que incluem o Direito ao Trabalho, a condições dignas e isonômicas de labor, a uma remuneração equitativa e satisfatória, a um nível de vida adequado, à maternidade, à proteção, à infância e à educação.

Já o "Pacto Internacional de Direitos Econômicos, Sociais e Culturais" preceitua, em seu art. 8º, inciso I "d", que os Estados assegurarão o direito de greve.

Por sua vez, a Declaração Sociolaboral do Mercosur, reafirmando a natureza da greve e sua relevância, decreta que ela diz respeito a todos os trabalhadores e suas organizações sindicais, sendo vedado impedir o seu livre exercício (art. 11).

E o Comitê de Liberdade Sindical da Organização Internacional do Trabalho — OIT erige igualmente a greve como Direito Fundamental dos trabalhadores, apontando como um meio essencial para que estes promovam e defendam seus interesses, conforme atestam suas ementas ns. 363 e 364, transcritas abaixo:

"O DIREITO DE GREVE DOS TRABALHADORES E SUAS ORGANIZAÇÕES CONSTITUI UM DOS MEIOS ESSENCIAIS DE QUE DISPÕE PARA PROMOVER E DEFENDER SEUS INTERESSES PROFISSIONAIS".

"O COMITÊ SEMPRE ESTIMOU QUE O DIREITO DE GREVE É UM DOS DIREITOS FUNDAMENTAIS DOS TRABALHADORES E DE SUAS ORGANIZAÇÕES,..."

De modo que o Direito Humano e Fundamental de greve, assegurado por Tratados e Convenções Internacionais, mediante seu livre e amplo exercício, permite ao cidadão que labora ter acesso de fato a saúde, lazer, remuneração e trabalho dignos e um meio ambiente saudável, tornando palpáveis as normas e regras que tratam desses Direitos Humanos e de outros consagrados como tais nos instrumentos de direito internacional e nas Constituições dos países civilizados. Se os trabalhadores não encontrarem real e efetivo acesso à greve em uma sociedade capitalista, com interesses econômicos e sociais contrapostos — onde a distribuição da riqueza é feita, em regra, em favor de uma minoria que se apropria da riqueza para "distribuí-la" por meio de salário, o mais baixo possível, ou mediante benefícios que não afetem significativamente seus ganhos — os demais Direitos Humanos e Fundamentais seriam na prática totalmente negados.

Os Direitos Humanos Fundamentais, como o de greve, devem ser retirados da prisão da mera retórica para alcançar o nível que merecem. De modo que operadores do direito, legisladores e órgãos do Estado estarão em condições de amparar plenamente a greve frente aos obstáculos que lhes são contrapostos. Destarte, os Direitos Humanos, inclusive os sociais, serão levados a sério, para ganhar real suporte e expressão de acordo com os princípios *pro homine* e *in dubio pro justitia sociales*.

Impõe-se a lembrança do imperativo moral e jurídico de uma cultura democrática das relações laborais, individuais e coletivas, pautada pela observância dos Direitos Fundamentais da Pessoa Humana, cabendo aos empregadores e suas organizações reconhecerem o trabalhador como cidadão pleno, sem outra alternativa que o minucioso respeito de todo arsenal protetivo construído em seu favor, cabendo ao Estado o dever de proporcionar e garantir a eficácia de todos esses direitos.

É preciso, pois, evitar a penalização ou criminalização da greve como ocorre quando são pedidas (e deferidas) liminares, declarações de abusividade do movimento, interditos possessórios, multas e indenizações vultuosas contra as entidades obreiras e denúncias penais contra dirigentes sindicais.

Sempre é bom lembrar que **a greve não é um delito!** É um Direito Fundamental assegurado por Tratados e Convenções Internacionais e por diversos textos constitucionais. No Brasil, exemplificativamente, a Constituição Federal, no seu art. 9º, diz que cabe aos trabalhadores a análise da conveniência e oportunidade de sua deflagração; por conseguinte **NÃO PODE SER CERCEADA PELA LEI TAMPOUCO PELO JUDICIÁRIO!**

Outrossim, pretendemos discutir a questão do exercício desse direito por um coletivo de trabalhadores, questionando a legitimidade exclusiva das entidades sociais, tendo em vista a natureza do direito e o enfraquecimento das organizações obreiras resultante da descentralização produtiva e de outros fatores que consideramos também relevantes.

Outro ponto que não deve ser olvidado de irritação com a sua natureza de Direito Humano Fundamental, consiste na limitação dos objetivos da greve ou a sua adstrição a conceitos (ou preconceitos) estabelecidos sem a devida observância da realidade contemporânea.

Também cabe destacar que este importante meio de tutela coletiva somente encontrará o devido respeito que merece na construção e efetivação dos Direitos Sociais se coibidos os atos de retaliação e discriminação contra grevistas e lideranças obreiras.

Entendemos que a presente exposição é de extrema relevância para o mundo jurídico e também social, contribuindo para uma sociedade mais igual e, assim, mais justa, que reafirme a Dignidade do Trabalhador e os Princípios Basilares do Estado Democrático de Direito.

DIREITOS HUMANOS. CULTURA E IDEOLOGIA

Discute-se na doutrina se os chamados Direitos Humanos ou direitos do homem são efetivamente direitos ou meros critérios morais indispensáveis à convivência humana. Para algumas vozes, a natureza de direito é afastada quando não há a integração no direito positivo. Ao contrário, quando positivados, passariam a ser denominados Direitos Fundamentais.

Apenas nos ocuparemos desta distinção no item seguinte. Interessa-nos, no momento, refletir se as diferentes culturas e ideologias dos povos podem ser equalizadas de modo a defender uma possível universalidade dos Direitos Humanos, por meio de uma postura crítica que persiga novos paradigmas.

Historicamente, trata a doutrina pátria e estrangeira das três dimensões dos Direitos Humanos em que a primeira é a dos Direitos Civis individuais[1] e encerram direitos de abstenção do Estado perante o indivíduo (direitos negativos); a segunda é dos Direitos Políticos[2] e tratam de direitos de prestação do Estado ao indivíduo (direitos positivos); e, por fim, a terceira dimensão que é a de Direitos Sociais[3] em que o indivíduo tem participação ativa na esfera pública de decisões do Estado.

A partir da Declaração dos Direitos do Homem de 1948, começa a estruturar-se uma quarta dimensão dos Direitos Humanos que é a dos Direitos de Solidariedade em que os indivíduos, tanto nas esferas privadas como públicas, atuam em regime de cooperação. É a primeira vez que se consolida a universalidade dos Direitos Humanos.[4]

Inicialmente, o debate acerca da universalidade deu-se no eixo ideológico comunismo-capitalismo e na diversidade religiosa e cultural entre os países

---

(1) Nascida a partir das Declarações de Virgínia de 1776 e Declaração dos Direitos do Homem e do Cidadão de 1789.
(2) A partir do século XIX com o advento da Revolução Industrial.
(3) A partir do início do século XX, com o advento da Revolução Russa, Constituição Mexicana de 1917 e Constituição de Weimar de 1919.
(4) De se ressaltar que, apesar do projeto de universalização, o grupo de trabalho da Comissão de Direitos Humanos das Nações Unidas, encarregado da redação do Projeto da Declaração Universal de Direitos Hu-

participantes. Atualmente, há discussões múltiplas, cabendo especial destaque àquelas realizadas entre países desenvolvidos, em desenvolvimento e subdesenvolvidos.

Como adverte Herrera Flores[5], cabe rever o panorama que norteou a Declaração dos Direitos Humanos de 1948, e as suas mudanças, que, decerto, culminaram na atual dialética e postura crítica ante a dita universalização dos direitos chamados "de essência".

Em 1948, os objetivos para a declaração dos direitos "do homem" eram dois: (i)a descolonização dos países e regiões submetidos ao poder e ao saqueio imperialista das grandes metrópoles; e (ii) a consolidação de um regime internacional ajustado à nova configuração de poder surgida depois da terrível experiência das duas guerras mundiais, a qual culminou na Guerra Fria entre dois sistemas contrapostos. Neste contexto, a declaração apresentava uma visão "ideal" e "metafísica" da pessoa humana, com definição universal, ante as múltiplas resistências da época.[6]

Em verdade, o conceito de Direitos Humanos que se impôs neste momento baseou-se em dois fundamentos: a universalidade *absoluta* dos Direitos Humanos e o fato de fazerem parte inata do ser humano. Apresentavam-se como essências imutáveis e não como produtos de hábitos e culturas surgidas de contextos históricos específicos.[7]

Destarte, ninguém poderia contrariar tais conceitos, sob pena de contrariar as características da natureza e os mistérios de um conceito de dignidade da pessoa humana vago e genérico.[8]

Este conceito surgiu como uma forma de proteção do ser humano contra as atrocidades históricas praticadas (escravidão, os campos de concentração, os genocídios).

O fundamento de validade dos Direitos Humanos, aqui, é o próprio homem em sua dignidade substancial de pessoa, diante da qual as especificações individuais e grupais são sempre secundárias.[9]

---

manos, incluía nacionais dos seguintes países: Bielorússia, Estados Unidos, Filipinas, União das Repúblicas Socialistas Soviéticas, França e Panamá. Durante a aprovação do texto final, dos cinquenta e oito Estados membros das Nações Unidas no ano de 1948, quarenta e oito votaram a favor, nenhum contra, oito se abstiveram e dois estavam ausentes. Os países que se abstiveram foram: Bielorússia, Checoslováquia, União das Repúblicas Socialistas Soviéticas, Polônia, Ucrânia, África do Sul, Iugoslávia e Arábia Saudita, como nota Flavia Piovesan em obra sobre o tema. PIOVESAN, Flávia. *Direitos humanos e o direito constitucional internacional*. São Paulo: Max Limonad, 2002. p. 145, nota 181.
(5) FLORES, Joaquin Herrera. Los derechos humanos como productos culturales — crítica del humanismo abstracto. Madrid, *Los Libros de la Catarata*, 2005. p. 69.
(6) FLORES, Joaquin Herrera. Ob. cit., p. 70.
(7) FLORES, Joaquin Herrera. Ob. cit., p. 71.
(8) FLORES, Joaquin Herrera. Ob. cit., p. 71.
(9) FLORES, Joaquin Herrera. Ob. cit., p. 71.

Como diz Velásquez "el mejor escudo contra las violaciones de la dignidad son los derechos humanos. Pero la dignidad hay que asegurarla también por dentro. Lo que está em juego es la idea misma de ser humano[10]

A abstração e a "universalização absoluta" dos direitos essenciais, em busca da "proteção do ser humano" e sua individualização contra o próprio homem opressor, na época, foram defendidas e textualizadas em vários documentos normativos. Pode-se citar, como exemplos, a afirmação primeira da Declaração Universal dos Direitos do Homem, mediante a afirmação de que "todos os seres humanos nascem livres e iguais, em dignidade e direitos" (art. 1º). A Constituição da República Italiana, de 27 de dezembro de 1947, declara que "todos os cidadãos têm a mesma dignidade social" (art. 3º). A Constituição da República Federal Alemã, de 1949, proclama solenemente em seu art. 1º que "a dignidade do homem é inviolável. Respeitá-la e protegê-la é dever de todos os Poderes do Estado". Analogamente, a Constituição Portuguesa de 1976 se inaugura com a proclamação de que "Portugal é uma República soberana, baseada na dignidade da pessoa humana e na vontade popular e empenhada na construção de uma sociedade livre, justa e solidária". Para a Constituição Espanhola de 1978, "a dignidade da pessoa, os direitos invioláveis que lhe são inerentes, o livre desenvolvimento da personalidade, o respeito à lei e aos direitos alheios são o fundamento da ordem política e da paz social" (art. 10). A Constituição Brasileira de 1988, por sua vez, põe como um dos fundamentos da República "a dignidade da pessoa humana" (art. 1º — III).

Essa visão dos Direitos Humanos, como uma construção fundada na negatividade na busca da proteção contra sua negação, é exposta com clareza pelo filósofo Fançois Jullien, professor da Universidade de Paris VII[11], quando salienta que devemos admitir que somos fruto da experiência contingente, mas também da utopia universal emancipatória trazida pela busca dos Direitos Humanos, cuja universalidade somente encontra seu sustentáculo pela sua negatividade, por aquilo contra o qual se volta. E na ausência que a busca pelo universal se torna premente.

A necessidade premente de se "proteger de si mesmo" acabou por exteriorizar o movimento humano de criação e manutenção de suas garantias como ser integrante da sociedade e, por que não dizer, da história da humanidade, por meio da delegação de valores intrínsecos a uma ordem abstrata, universal, e que, na época, se consubstanciava no Estado do Bem-Estar Social responsável pela garantia dos ditos valores. O pensamento, aqui, se revela símile

---

(10) VELASQUEZ, José Luis. La fundamentación de la dignidad. In: *Bioética*: la cuestión de la dignidad. Madrid: Universidad Pontificia Comilas, Lydia Feito Editora, 2004. p. 108.
(11) Em sua obra "O diálogo entre culturas: do universal ao multiculturalismo". Rio de Janeiro: Jorge Zahar, 2001. p. 156.

ao que já havia teorizado KANT, em seu *imperativo categórico*, isto é, uma "lei prática incondicional" ou absoluta, que serve de fundamento último para todas as ações humanas.

Contudo, se inicialmente o conceito ideal e abstrato dos Direitos Humanos representava uma medida de emergência satisfatória a defender, de forma imediata, a humanidade dos horrores provocados pelo próprio homem no contexto pós-guerra, verificou-se, com o passar do tempo, que os benefícios eram menores do que os malefícios de uma postura que acabava por se mostrar passiva diante da evolução da sociedade. A primeira consequência é o surgimento de uma postura negativa, segundo Flores[12], pois se todos os homens possuem *todos* os direitos e liberdades pelo mero fato de terem nascido e existirem, todos são responsáveis por não assegurar a eficácia daquilo que já têm.

Se o homem é o próprio fundamento de validade dos Direitos Humanos e, por excelência, é sujeito ativo das relações que se constroem na história da sociedade, esta mesma história acabou por mostrar a impossibilidade de manutenção da visão globalizada e genérica dos Direitos Humanos.[13]

Trilhando senda paralela, Boaventura de Souza Santos, em trabalhos publicados sobre o tema, afirma categoricamente que não se pode dizer que os Direitos Humanos, em um contexto de sobreposição cultural pelo imperialismo da globalização hegemônica, possa ser considerado universal.

Sustenta que, na verdade, os valores ocidentais são impostos como se fossem universais. Destaca o autor:

> *"Enquanto forem concebidos como Direitos Humanos universais, os Direitos Humanos tenderão a operar como localismo globalizado e, portanto, como uma forma de globalização hegemônica. Para poderem operar como forma de cosmopolitismo, como globalização contra-hegemônica, os Direitos Humanos têm de ser reconceitualizados como multiculturais"*[14]

Defende, assim, a construção de um novo paradigma por meio do diálogo cultural e de uma hermenêutica diatópica[15] que possibilitará a comunicação

---

(12) FLORES, Joaquin Herrera. *A (re) invenção dos direitos humanos*. Florianópolis: Fundação Boiteux, 2009. p. 52.
(13) FLORES, Joaquin Herrera. Ob. cit., p. 53.
(14) SANTOS, Boaventura de Sousa. Por uma concepção multicultural de Direitos Humanos. In: SANTOS, Boaventura de Sousa (org). *Reconhecer para libertar:* os caminhos do cosmopolitismo cultural. Rio de Janeiro: Civilização Brasileira, 2003. p. 438.
(15) *" A hermenêutica diatópica baseia-se na ideia de que os topos de uma dada cultura, por mais fortes que sejam, são tão incompletos quanto a própria cultura a que pertencem. Tal incompletude não é visível do interior dessa cultura, uma vez que a aspiração à totalidade induz a que se tome a parte pelo todo. O objetivo da hermenêutica diatópica não é, porém, atingir a completude — um objectivo inatingível — mas, pelo contrário, ampliar ao máximo a consciência de incompletude*

intercultural e a transformação dos *topoi*[16] das diversas culturas, de forma a tornarem-nas uma política cosmopolita, mutuamente inteligíveis e traduzíveis.

Conclui o texto, reconhecendo a dificuldade de implementação de sua teoria, mas se mantendo firme em seus ideais:

> *"Este projecto pode parecer demasiado utópico. Mas, como disse Sartre, antes de ser concretizada, uma ideia tem uma estranha semelhança com a utopia. Seja como for, o importante é não reduzir o realismo ao que existe, pois, de outro modo, podemos ficar obrigados a justificar o que existe, por mais injusto ou opressivo que seja."*[17]

Flores[18], retomando o discurso crítico sobre os Direitos Humanos, adverte que: "A impossibilidade de imposição de valores fixos e universais *in abstractu*, ante a velocidade da mutação e fragmentação das relações, remete à urgência de uma nova estruturação da ordem mundial, a qual não visa à transformação das relações sociais e econômicas na sua totalidade, mas tem a finalidade concreta de evitar o abismo econômico entre os mais e menos afortunados no marco do Estado interventor".

"Sinaliza-se o início de consciência direcionada à resistência ativa à postura passiva do ser humano como ser que já traz, em si mesmo ou delega integralmente a ente, todos os valores necessários à expressão dos Direitos Humanos. A mudança de paradigmas consiste em práticas sociais "nômades", ou mobilidade intelectual para adequar práticas políticas, deveres do ser humano em relação à sociedade e sua efetivação, movimentos sociais, sejam positivados através de norma legal, ou em grau relevante de atuação fática."[19]

---

mútua através de um diálogo que se desenrola, por assim dizer, com um pé numa cultura e outro, noutra. Nisto reside o seu caráter dia-tópico." SANTOS, Boaventura de Sousa. As tensões da modernidade. Disponível no site Globalismo Jurídico: <http://globalismojuridico.blogspot.com/2008/08/pensamento.html>. Acesso em: 24.6.2009.
(16) *"Os topoi são os lugares comuns retóricos mais abrangentes de determinada cultura. Funcionam como premissas de argumentação que, por não se discutirem, dada a sua evidência, tornam possível a produção e a troca de argumentos. Topoi fortes tornam-se altamente vulneráveis e problemáticos quando "usados" numa cultura diferente".* SANTOS, Boaventura de Sousa. Ob. cit. Acesso em: 24.6.2009.
(17) SANTOS, Boaventura de Sousa. Ob. cit. Acesso em: 24.6.2009.
(18) FLORES, Joaquin Herrera. Ob. cit., p. 76.
(19) Joaquin Herrera Flores sugere, para esta nova perspectiva, que sejam utilizados elementos de integração: "já não podemos falar de duas classes de Direitos Humanos: os individuais (liberdades públicas) e os sociais, econômicos e culturais. Só há uma classe de direitos para todas e todos: os Direitos Humanos. A liberdade e a igualdade são as duas faces da mesma moeda. Uma sem a outra nada são"— fls. 74. Defende que não mais seja utilizada a definição clássica das dimensões de direitos, sob pena de se criar certa hierarquia entre elas), crítica (vinculação entre os Direitos Humanos e as políticas de desenvolvimento social, não podem ser dois momentos distintos, mas devem ocorrer de forma concomitante, sob pena de um não acompanhar o outro, acarretando a maior disparidade entre as classes sociais) e práticas sociais emancipadoras (trata-se do intervencionismo humanitário, ou a contextualização dos Direitos Humanos por meio de luta de grupos sociais empenhados em promover a "emancipação humana" — ob. cit., p. 77-78.

Em outras palavras, devem ser criadas "possibilidades", por meio do desenvolvimento das capacidades e da criação de condições que permitam a apropriação e o desdobramento de tais capacidades por parte de indivíduos, grupos e culturas[20]. Afinal, na espécie humana, não há técnicas imutáveis nem limitadas ou estanques: a evolução é constantemente dirigida pela *aptidão inventiva* do ser humano. Os fins são postos livremente e os meios mais aptos a alcançá-los são criados.

Continua o Prof. Flores: "A mudança, aqui, é de *postura*, não de essência, *ethos*. Desde a sua origem, não há como se separar os Direitos Humanos, seu conceito, como aplicação da natureza do homem, ser racional, inventivo, espiritual, pensante, evolutivo, e, sobretudo, *desigual*. Talvez por isso a ciência jurídica, aqui, trace um paralelo com a filosofia, a antropologia e a sociologia, por ciências ligadas intimamente a esta noção de pensamento, movimento, sentimento. E o direito nada mais é do que a positivação e a construção teórica destas características, como meio de adequar o homem, com todas as suas peculiaridades, à realidade social em que está inserido, de modo a tentar, incessantemente, alcançar a almejada "paz social"."[21]

Por fim, o jurisfilósofo de Sevilla destaca:

> "*Trabajar com y para los derechos humanos supone, pues, ir contra la banalización de las desigualdades e injusticias globales que un pensamento acrítico defiende. Luchar contra esa banalización es el principal desafio con el que nos encontramos los que nos comprometemos teórica y prácticamente con los derechos humanos. Ahí reside la función social del conocimiento, sobre todo, de un conocimiento que no olvida ni inviabiliza las condiciones en las que se situa y a las que pretende transformar*".[22]

Fica esse breve registro de um tema que merece, evidentemente, um enfrentamento aprofundado. Com o mesmo espírito, abordaremos a seguir a relação entre Direitos Humanos e Direitos Fundamentais.

---

(20) Neste diapasão, FEUERBACH, L. Princípios da filosofia do futuro. Edições 70. Textos Filosóficos. "homem como tal é quem não exclui de si nada essencialmente humano".
(21) FLORES, Joaquin Herrera. Ob. cit., p. 77.
(22) FLORES, Joaquin Herrera. *Los derechos humanos como productos culturales* — crítica del humanismo abstracto. Madrid: Los Libros de La Catarata, 2005. p. 183.

2 DIREITOS HUMANOS E FUNDAMENTAIS. NOÇÕES

Pérez Luño lembra que a construção dos Direitos Humanos é devedora do Direito Natural e de seus teóricos. Teólogos espanhóis do Sec. XVI (Vitória y Las Casas, Vásquez de Menchaça, Francisco Soárez e Gabriel Vázquez) defendiam o reconhecimento de direitos naturais inerentes aos indivíduos, como expressão da liberdade e da dignidade da pessoa humana. Antes deles, Tomás de Aquino já tratava do direito natural como configuração da personalidade humana.[23]

Posteriormente, com Rousseau, Kant e Paine, o iluminismo de inspiração jusnaturalista consagrou os "direitos naturais do homem", depois denominados "direitos do homem".[24]

Já na esfera do Direito Positivo, os Direitos Humanos são tributários da Magna Carta de 1215, das Cartas de Franquia e dos Forais outorgados pelos reis espanhóis e portugueses,[25] passando pelas *Petition of Rights*, de 1628, o Bill of Rights de 1689, a Declaração de Direitos do Povo da Virgínia, de 1776, a Declaração Francesa dos Direitos do Homem e do Cidadão, de 1789, e as Constituições que se seguiram, até culminar com a Declaração Universal dos Direitos do Homem, de 1948.

Essa herança até hoje influencia a concepção de diversos segmentos doutrinários, como veremos mais adiante.

"Todos os homens nascem livres e iguais em dignidade e direitos. São dotados de razão e consciência e devem agir em relação uns aos outros com espírito de fraternidade" (art. I da Declaração Universal dos Direitos Humanos).

A análise do artigo inaugural da Declaração Universal de 1948 traduz uma visão jusnaturalista do direito, pois o texto em questão não pretende criar direitos ao ser humano, mas antes reconhecê-los como inatos. Essa conhecida constatação impõe que se debruce sobre os conceitos de Direitos Humanos e Direitos

---

(23) PÉREZ LUÑO. *Los derechos fundamentales*. 6. ed. Madrid: Tecnos, 1995. p. 30-1.
(24) SARLET, Ingo Wolfgang. *A eficácia dos direitos fundamentais*. 9. ed. Porto Alegre: Livraria do Advogado, p. 47.
(25) PEREZ LUÑO. Ob. cit., p. 33 e 34.

Fundamentais para o presente estudo, porque não são unânimes as vozes quanto à necessária coincidência entre tais institutos.

Em primeiro lugar, há quem efetue a distinção entre Direitos Humanos e Direitos Fundamentais em função da localização da previsão do direito.

Direitos Fundamentais seriam aqueles previstos na Constituição de um país, ou seja, positivados em seu ordenamento jurídico interno, na Carta Fundamental. Os Direitos Humanos, por outro lado, seriam aqueles previstos em tratados ou atos internacionais, de forma universal.

Tal distinção é criticada, pois abarca a matéria de forma incompleta, vez que seria demasiado formalista e, assim, não atenderia de maneira convincente a uma perspectiva mais ampla, fundada na possibilidade de reconhecimento interno de Direitos Fundamentais em outras normas, ainda que infraconstitucionais. De fato, também serão Direitos Fundamentais os que, mesmo não previstos na Constituição, estão ligados aos seus princípios, os chamados "princípios materialmente fundamentais". A Constituição do Brasil, por exemplo, adotou tal possibilidade em seu art. 5º, §§ 2º e 3º:

> "Os direitos e garantias expressas nessa Constituição não excluem outros decorrentes do regime e dos princípios por ela adotados ou dos tratados internacionais em que a República Federativa do Brasil seja parte".

> "Os Tratados e Convenções Internacionais sobre Direitos Humanos que forem aprovados, em cada Casa do Congresso Nacional, em dois turnos, por três quintos dos votos dos respectivos membros, serão equivalentes às emendas constitucionais".

Referidos textos normativos revelam que os direitos que estão na Constituição são Direitos Fundamentais, mas também podem ser considerados como tais os que estiverem em tratados internacionais ou em leis, desde que intimamente ligados aos princípios e ao regime instituído em nossa Constituição, configurando-se direitos que são materialmente fundamentais.

Como exemplo de direito materialmente fundamental, pode-se citar, no caso brasileiro, a proibição, prevista no Estatuto da Criança e do Adolescente, em seu art. 67, de trabalho penoso para menores de dezoito anos, previsão esta não existente expressamente na Carta Magna como se observa do art. 7º, XXXIII, *in verbis*:

> "*proibição de trabalho noturno, perigoso ou insalubre a menores de dezoito e de qualquer trabalho a menores de dezesseis anos, salvo na condição de aprendiz, a partir de quatorze anos*".

Ora, a prevalecer o rigor da tese de que apenas quando previsto na Constituição um direito poderia ser considerado fundamental, ter-se-iam algumas dificuldades para resolver questões como a do labor do menor em condições penosas, já que esta previsão legal infraconstitucional encontra-se intimamente ligada aos princípios constitucionais, mormente no que diz respeito, neste caso, à proteção especial destinada ao trabalho dos menores.

Logo, imperativa seria a necessidade de se investigar a distinção dos conceitos de Direitos Humanos e Direitos Fundamentais por outro prisma.

Assim, os Direitos Humanos seriam aqueles direitos de origem *jusnaturalista* inerentes à condição humana, como, por exemplo, os seguintes direitos: liberdade, locomoção e vida.

Já os Direitos Fundamentais, para esta perspectiva, seriam direitos situados historicamente em função do momento evolutivo em que a sociedade se encontra, como por exemplo o direitos do consumidor, pois em eras passadas inexistia a sociedade de consumo, o sigilo da comunicação de dados, a proteção do patrimônio genético do indivíduo etc.

Embora essa distinção seja, provavelmente, mais consistente que a anterior, ainda guarda influência do *jusnaturalismo*, o que a sujeitaria a críticas por dificultar um conceito universal sobre o tema.

Dessas reflexões emergiu uma terceira visão para tentar distinguir os Direitos Humanos e os Direitos Fundamentais, em que estes constituiriam um gênero do qual aqueles seriam uma das espécies.

Direitos Humanos seriam, portanto, espécies de Direitos Fundamentais, mais especificamente aqueles Direitos Fundamentais que, por sua natureza, só podem ser titularizados por seres humanos.

A análise do rol de Direitos Fundamentais revela, basicamente, que há Direitos Fundamentais que são reconhecidos para seres humanos e que também valeriam para pessoas jurídicas como, por exemplo, o direito ao sigilo de correspondência e o direito à informação.

Assim, quando o Direito Fundamental é de natureza tal que só poderia ser titularizado por ser humano, constituiria um típico direito humano. Pode-se citar o direito à vida, à intimidade e à liberdade de consciência, pois só se pode falar de tais direitos quando voltados para o ser humano.

Neste estudo, contudo, não adotarei estas distinções, preferindo tratar em geral da greve como um Direito Social, Humano, e Fundamental, a par de outras nomenclaturas como "liberdade humana fundamental", "liberdade constitucional", "Direito Fundamental Social", "Direito Fundamental da Pessoa Humana" etc., imbuído da visão da greve como um direito essencial à dignidade da pessoa humana e à valorização social do trabalho e do trabalhador.

Além dessas concepções que buscam distinguir os Direitos Humanos e Fundamentais, há que se registrar, ainda, que a expressão Direito Fundamental possui contorno bastante amplo, sendo possível divisar dentro desse conceito variados direitos (individuais, sociais, políticos, da nacionalidade, difusos e coletivos).

Os direitos individuais são aqueles que permitem ao titular adotar uma conduta, cabendo aos outros, inclusive ao Estado, respeitá-los, seguindo a premissa de que seriam direitos de prestações negativas. Aludidos direitos tutelam a individualidade da pessoa.

Os Direitos Sociais, por sua vez, permitem ao indivíduo exigir que alguém faça alguma coisa, reconhecendo-se que são direitos a prestações positivas. O devedor por excelência de Direitos Sociais é o Estado, mas não o único, pois o próprio art. 7º da Constituição Brasileira, por exemplo, reconhece Direitos Sociais do trabalhador que são exigíveis do empregador, sempre com o objetivo de garantir, ao menos, o mínimo existencial, ou seja, as condições de vida que não se pode negar a nenhuma pessoa.

Por outro lado, os direitos políticos, como o direito de votar, possibilitam a participação na vida política do País, tratando-se de verdadeira subespécie dos direitos individuais na perspectiva da afirmação da individualidade política do cidadão.

Quanto aos direitos da nacionalidade, reconhece-se que a nacionalidade é uma relação jurídica que vincula a pessoa a certo Estado, daí surgindo deveres a cumprir pelo cidadão, mas reversamente aquele Estado fica obrigado a conferir a essa pessoa proteção na ordem internacional, donde se conclui que todo indivíduo tem direito a pelo menos uma nacionalidade.

Finalmente, os difusos e coletivos, também conceituados como transindividuais, são aqueles cuja titularidade vai para além de uma só pessoa, tendo sido reconhecidos a partir do momento em que se constatou que a vida moderna impõe a existência de interesses desse matiz, como a preservação do meio ambiente e do patrimônio histórico e cultural.

3

PRINCÍPIOS DA PROGRESSIVIDADE E DA IRREVERSIBILIDADE

Tratar de Direitos Humanos no Brasil é muitas vezes pregar no deserto. Nossa sociedade contaminada pela miséria e violência, quadro agravado pelo embrutecimento, provocado pela desinformação da população em geral e por décadas de ditadura militar, não assumiu na sua plenitude a cultura dos Direitos dos Homens.

Por outro lado, nunca se falou e escreveu tanto sobre o tema, o que traz um certo risco de banalização, pois entre o discurso e a prática há com frequência uma distância tão grande como aquela entre o Oiapoque e o Chuí.

Cientes desta realidade e das novas exigências do mercado que, em tempos de globalização, não têm primado por incluir os Direitos Humanos, sobretudo os sociais, entre seus objetivos primeiros[26], fazemos coro com aqueles que manifestam sua preocupação constante com o Homem trabalhador e o respeito devido à sua dignidade[27], reconhecendo o Direito do Trabalho como terra de eleição dos Direitos Humanos, pois é de sua essência a consideração com quem labora para viver e que deveria encontrar no trabalho a expressão de sua dignidade.

---

(26) SUPIOT, Alain (*Le travail en perspectives*. Paris: L.G.D.J, 1998. p.1) constata que "Le changements techniques et politiques se conjuguent pour augmenter la part du commerce international et saper les instituitions nationales autour du premier rang desquelles les droits du travail, suspectés, à l'ínstar des corporations de jadis, d'entraver l'efficacité economique. Signe des temps: l'Organisation Mondiale du Commerce s'est installé dans les anciens locaux de l'Organisation Internacional du Travai sur les berges verdoyantes du Lac Léman ..."

(27) "Le travail n'est pas un "matérial humain" (v. Kemperer) ajustable aux impératifs de l'industrie ou du commerce. Et pourtant depuis vingt ans il a éte envisagé dans le monde comme une questíon secondaire, comme l'objet d'une "engénierie" de la ressource hummaine. D'une main on s'est employé à faire du travail un material "flexible", adaptable "en temps réel" aux besoin de l'economie, de l'autre on a fait du "social" ou de l'"humanitaire" pour assurer un minimum de subsistance ou d'occupations au flot grandissant de ceux qui se trouvent ainsi privés de la possibilité de vivre de leur travail. Cette approche du problème, que mêle *efficiency* et " bons sentiments" et subordonne la questíon du travail à toutes les autres, est condamnée à l'échec. On n´imagine que des masses hummaines entières se laisseront indéfiniment relegués dans le ghetto des "inutiles au monde". Le statut conféré au travail ne peut être réduit à un problème d'íngénierie de la ressource humaine, car il est le point nodal d'une ordre juste" (SUPIOT. Ob. cit., p. 12)

A realidade, contudo, demonstra que na vida laboral ocorrem inúmeras violações dos Direitos Humanos, especialmente no tocante à privacidade, honra, integridade física e psíquica e sobrevivência digna do trabalhador.

Os direitos do homem, positivados e ampliados como Direitos Fundamentais, inclusive com *status* constitucional (mesmo que não abrigados expressamente na Constituição) abrangem, como já demonstrado, os Direitos Sociais, entre eles o Direito do Trabalho, sendo indiscutível que qualquer ato público ou privado, normativo ou jurisprudencial, que ignore ou afronte (direta ou indiretamente) os Direitos Sociais trabalhistas traduz, a par de possíveis transgressões à lei e à Constituição, desrespeito aos Direitos Humanos e aos diplomas internacionais que deles tratam.[28]

Como adverte Alain Supiot, salários miseráveis, precarização do trabalho, jornadas dilatadas, repousos suprimidos ou reduzidos, males que assolam milhões de trabalhadores, clamam por uma redefinição urgente do papel dos Direitos Humanos nas relações laborais[29], não podendo aquele que trabalha servir de mera massa ajustável às exigências da indústria, do comércio, das empresas de serviço e do capital financeiro.[30]

Em tom semelhante, sentencia Jean-Maurice Verdier que quanto mais flexível, incerta e precária a situação do assalariado, mais firme deve ser a proteção dos Direitos Humanos fundamentais e mais rígida a observância das garantias de suas liberdades essenciais.[31]

Intimamente ligado com a problemática dos Direitos Humanos e fundamentais está a concepção da aplicação progressiva dos Direitos Sociais, que importa na proibição de reversão dos patamares favoráveis já estabelecidos.

O Princípio da Irreversibilidade (ou dever da não regressividade), irradiação da cultura dos direitos do homem, além de toda doutrina e jurisprudência construídas em seu favor, está expressamente consagrado no Pacto Internacional dos Direitos Econômicos, Sociais e Culturais e do Protocolo de São Salvador de 1999, ambos ratificados pelo Brasil.

De recordar que, no campo dos direitos do homem, os direitos e garantias estabelecidos em tratados e convenções fixam autênticos deveres e obrigações e não meros preceitos de ordem moral ou programática[32].

---

(28) Não se pode perder de vista, ainda, que os Direitos Sociais protegem a dignidade do trabalhador. Daí porque estão inseridos na categoria dos Direitos Humanos. (MOULY, Jean. Les droits sociaux à l'épreuve des droits de l'homme. *Droit Social*, 9.10.2002, n. 9/10, p. 799, Paris.)
(29) Ob. cit., p. 10.
(30) *Idem*, p. 12.
(31) VERDIER, Jean-Maurice, *apud* SUPIOT. Ob. cit., p. 428.
(32) PIOVESAN, Flávia. *Direitos humanos, globalização econômica e integração regional*. São Paulo: Max Limonad, 2002. p. 70-1, com ampla citação da doutrina internacional sobre o tema.

Esses princípios e as regras que lhes dão corpo, como ensina Héctor-Hugo Barbagelata[33], professor emérito da Faculdade de Direito de Montevidéu, são historicamente um desdobramento do **princípio da progressividade** das normas sobre Direitos Humanos. A progressividade, em um primeiro momento, referia-se à gradação por vários instrumentos internacionais e por textos constitucionais à aplicação dos Direitos Humanos, conforme estabelecia o art. 427 do Tratado de Versalhes. Em um segundo momento, apresenta-se como uma característica dos Direitos Humanos fundamentais, incluídos os trabalhistas, que, segundo a ordem pública internacional, possuem uma vocação de desenvolvimento progressivo no sentido de uma maior extensão e proteção dos Direitos Sociais.

Complementando e aprofundando esse princípio, encontramos a *irreversibilidade ou o dever de não regressividade*: a impossibilidade de redução da proteção já existente, concedida aos Direitos Humanos no PIDCP e no PIDESC (art. 4º de ambos)[34]. Esses estatutos vinculam os Estados que o ratificaram aos Direitos Humanos, excluindo regras que privem os trabalhadores da fruição dos direitos e garantias fundamentais já previamente reconhecidos.[35]

Barbagelata conclui que esses princípios são "*uma consequência do critério da conservação ou não derrogação do regime mais favorável para o trabalhador, o qual pode reputar-se como um princípio ou regra geral no âmbito do Direito do Trabalho*", consagrado no inciso VIII do art. 19 da Constituição da OIT e aceito universalmente.[36]

O dever de não regressividade consiste, pois, na proibição de políticas, medidas, orientações e atos que piorem o patamar de direitos econômicos, sociais, culturais da população.[37]

Os princípios de Maastricht consideram violações dos Direitos Sociais, culturais e econômicos a derrogação ou suspensão da legislação necessária para o gozo desses direitos.

A proibição de regressividade, por outro lado, importa em parâmetro para o juízo acerca das medidas e atos que resultam aplicáveis pelo Judiciário.[38]

A irreversibilidade constitui uma clara limitação que Tratados e Convenções Internacionais e os textos constitucionais impõem à (des)regulamentação dos Direitos Sociais, econômicos e culturais[39], vedando, como já ressaltado, a quem pode tratar da normatização desses direitos, sua derrogação ou redução.

---

(33) BARBAGELATA, Héctor-Hugo. Os princípios de direito do trabalho de segunda geração. In: *Cadernos da Amatra* IV, 7, abr./jun. 2008, ano III, HS Editora, Porto Alegre, p. 24 e 25.
(34) BARBAGELATA. Ob. cit., p. 24.
(35) BARBAGELATA. Ob. cit., p. 24 e 25.
(36) *Idem*.
(37) ABRAMOVICH, Victor; COURTIS, Christian. *Los derechos sociales como derechos exigibles*. Madrid: Editoral Trotta, 2004. p. 94.
(38) ABRAMOVICH; COURTIS. Ob. cit., p. 95.
(39) *Idem*.

Esse dever de não regressividade, oriundo da progressividade dos direitos, não advém, como já registramos, somente do Direito Internacional. Também no Direito Constitucional reside sua fonte. Note-se que constitucionalistas do porte de Konrad Hesse incluem nessa moldura a teoria da irreversibilidade (Nichtumkehrbarkeitstheorie), segundo a qual toda medida regressiva que afete o conteúdo essencial dos Direitos Sociais é **inconstitucional. Trata-se da irreversibilidade das conquistas sociais alcançadas.**[40]

Cabe salientar que a proibição da regressividade no campo constitucional no que diz respeito aos Direitos Sociais está agasalhada pela técnica da cláusula pétrea (art. 60, § 4º, inciso IV da Constituição Federal do Brasil de 1988)[41]. Em outras palavras, estariam a salvo, inclusive, da sanha reformadora de governantes e parlamentares descomprometidos com os Direitos Humanos e

---

(40) cf. K. HESSE. Grunzüge des Verfassungsrechts der Bundesrepublik Deutschland, Heidelberg-Karlsruhe, 1978. p. 86-87, cit. por PAREJO, Alfonso L. *Estado social y administración pública.* Madrid: 1983, p. 53-54. Em sentido similar, na Espanha L. López Guerra. *Um Estado Social*, em J. Esteban L. López Guerra. *El Regimen Constitucional Español I.* Barcelona, 1980. p. 313 ss. A mesma doutrina foi defendida pela Corte de Arbitragem da Bélgica também no campo dos Direitos Sociais. Um panorama amplo acerca dessa questão no direito constitucional daquele país pode ser encontrado em R. Ergec (Ed.), *Les Droits Économiques, Sociaux et Culturels dans la Constitution*, Bruxelas, 1995.Na Argentina, V. Abramovich e C. Courtis trazem à colação decisões jurisprudenciais bem ilustrativas (v. EmVega, Humberto Atilio C. *Consórcio de Proprietarios del Edificio Loma Verde y otros s/accidente ley 9688 del 16.12.93*; el caso Martinelli, Oscar Héctor Cirilo y otros C. Coplinco Compañia Platense de la Industria y Comercio S.A. del 16.12.93; el caso Jáuregui, Manuela Yolanda c. Unión Obreros y Empleados del Plástico. Em Portugal, J. J. CANOTILHO expõe essa concepção à luz da Constituição portuguesa: "*O princípio da proibição do retrocesso social pode formular-se assim: o núcleo essencial dos Direitos Sociais já realizado e efectivado através de medidas legislativas ('lei de segurança social', 'lei do subsídio de desemprego', 'lei do serviço de saúde') deve considerar-se constitucionalmente garantido, sendo inconstitucionais quaisquer medidas que, sem a criação de outros esquemas alternativos ou compensatórios, se traduzam na prática de uma 'anulação', 'revogação', ou 'aniquilação' pura e simples desse núcleo essencial. A liberdade de conformação do legislador e inerente auto-reversibilidade têm como o núcleo essencial já realizado*" (*Direito constitucional e teoria da Constituição*. 3. ed. Coimbra: Almedina, 1999. p. 327). No Brasil, a proibição da regressividade é sustentada por doutrina de escol, com reflexos na jurisprudência. Podemos divisar tendências mais voltadas ao Direito Internacional ou ao Direito Constitucional, todas comprometidas, entretanto, com o escopo do *social welfare rights* que leva o direito internacional e o direito constitucional a sério. Logo, princípios e regras provenientes de tratados e convenções internacionais, assim como da Constituição, são resguardados pelo dever de não regressividade. (Flávia Piovesan, p. 71 e ss) Sob enfoque semelhante, tratando do princípio do "não retrocesso social": BARCELOS, Ana Paula de. *A eficácia dos princípios constitucionais, o princípio da dignidade da pessoa humana*. 2ª tiragem, Rio de Janeiro: Renovar, 2004, p. 68/71 e SARLET, Ingo. *A eficácia dos direitos fundamentais*. 9. ed. Porto Alegre: Livraria do Advogado, 2007. p. 436/462. Os direitos sociais como cláusulas pétreas. *Revista Interesse Público*, C7, 2003, p. 56. O Estado Social de Direito, a proibição de retrocesso e garantia fundamental da propriedade. *Revista Diálogo Jurídico*, ano I, v. I, n. 07, Salvador, p. 1 e ss.
(41) Art. 60. A Constituição poderá ser emendada mediante proposta: § 4º — Não será objeto de deliberação a proposta de emenda tendente a abolir: IV — os direitos e garantias individuais.

seus desdobramentos no campo dos Direitos Sociais. Essa sentença é proferida pelos mais autorizados constitucionalistas brasileiros.[42][43]

No Direito Constitucional brasileiro há expressa previsão acerca da progressividade associada à irreversibilidade ou à proibição da regressão no tocante aos Direitos Sociais fundamentais do trabalhador. Com efeito, o art. 7º, *caput*, dispõe que são direitos dos trabalhadores, além de todo o elenco apontado em seus incisos, quaisquer outros que possam ser acrescidos por atos normativos ou negociais que impliquem na melhoria das condições do trabalhador.

Sobre estes princípios no campo do Direito Coletivo, a Professora da Universidade Federal de Minas Gerais, Doutora em Direito pela UFMG, mestre em Filosofia do Direito pela UFMG, Daniela Muradas[44] leciona:

"1. PRINCÍPIO DA VEDAÇÃO DO RETROCESSO JURÍDICO E SOCIAL

1.1. CONTEÚDO NORMATIVO

O princípio da vedação do retrocesso social enuncia serem insusceptíveis de rebaixamento os níveis sociais já alcançados e protegidos pela ordem jurídica, seja por meio de normas supervenientes, seja por intermédio de interpretação restritiva. O princípio, muito caro ao Direito do Trabalho, apresenta-se em múltiplas dimensões. De um lado, pode-se destacar seu caráter estático, em que se supõe a efetividade dos Direitos Sociais já assegurados pela ordem jurídica. Em perspectiva dinâmica, de outro tanto, o princípio se refere à impossibilidade de modificação do status quo em sentido negativo, sendo correlato lógico do princípio de progresso da proteção à pessoa humana; com a melhoria das condições sociais, mediante o aperfeiçoamento da ordem jurídica.

Desse modo, o princípio do não regresso mantém interface como princípio da norma mais favorável, princípio fundamental do Direito do Trabalho, bem como é consectário do princípio da progressividade dos direitos econômicos, sociais e culturais, princípio de relevo no campo temático do Direito Internacional dos Direitos Humanos.

---

(42) PIOVESAN, Flávia, p. 71 e ss. Sob enfoque semelhante, tratando do princípio do "não retrocesso social": BARCELOS, Ana Paula de. *A eficácia dos princípios constitucionais, o princípio da dignidade da pessoa humana*. 2ª tiragem. Rio de Janeiro: Renovar, 2004. p. 68/71 e SARLET, Ingo W. *A eficácia dos direitos fundamentais*. 9. ed. Porto Alegre: Livraria do Advogado, 2007. p. 436/462. Os Direitos Sociais como cláusulas pétreas. *Revista Interesse Público*, C7, 2003, p. 56. O Estado Social de Direito, a proibição de retrocesso e garantia fundamental da propriedade. *Revista Diálogo Jurídico*, ano I, v. I, n. 07, Salvador, p. 1 e ss.

(43) No campo laboral, vale lembrar a lição do Mestre SÜSSEKIND, Arnaldo. In: *Direito constitucional do trabalho*. Rio de Janeiro: Renovar, 1999. p. 59.

(44) MURADAS, Daniela. O princípio da vedação do retrocesso jurídico e social no Direito Coletivo do Trabalho. In: *Temas de direito coletivo do trabalho*. MELO FILHO, Hugo Cavalcanti e; AZEVEDO NETO, Planton Teixeira de (coords.). São Paulo: LTr, IGT e ALJT editores, 2010. p. 71-77.

Na formulação de J. J. Canotilho, o princípio da vedação do retrocesso comporta o seguinte conteúdo normativo:

O núcleo essencial dos Direitos Sociais já realizados e efetivados através de medidas legislativas deve considerar-se constitucionalmente garantido, sendo inconstitucionais quaisquer medidas estaduais que, sem a criação de outros esquemas alternativos ou compensatórios, se traduzam, na prática, em uma anulação, "revogação" ou "aniquilação" pura e simples desse núcleo essencial. A liberdade do legislador tem como limite o núcleo essencial já realizado. Assim, o princípio não propõe a imutabilidade dos preceitos de proteção social da pessoa humana; ao contrário, estimula o permanente aprimoramento dos institutos e regras jurídicas, sempre em sentido promocional à pessoa humana e ao trabalhador.

1.2. ORIGEM E CONSOLIDAÇÃO DO PRINCÍPIO DA VEDAÇÃO DO RETROCESSO SOCIAL

1.2.1. Direito Internacional dos Direitos Humanos. Como princípio destacado, a vedação do retrocesso tem sua gênese no Direito Internacional dos Direitos Humanos, na formulação do princípio da progressividade e não retrocesso dos Direitos Humanos.

Na lapidar passagem de Fábio Konder Comparato:

A consciência ética coletiva [...] amplia-se e aprofunda-se com o evolver da História. A exigência de condições sociais aptas a propiciar a realização de todas as virtualidades do ser humano é, assim, intensificada no tempo e traduz-se, necessariamente, pela formulação de novos Direitos Humanos. É esse movimento histórico de ampliação e aprofundamento que justifica o princípio da irreversibilidade dos direitos já declarados oficialmente, isto é, do conjunto de Direitos Fundamentais em vigor. Dado que eles se impõem, pela sua própria natureza, não só aos Poderes Públicos constituídos em cada Estado, como a todos os Estados no plano internacional, e até mesmo ao próprio Poder Constituinte, à Organização das Nações Unidas e a todas as organizações regionais de Estados, é juridicamente inválido suprimir Direitos Fundamentais, por via de novas regras constitucionais ou convenções internacionais. Na trilha do projeto de implementação dos Direitos Humanos na agenda internacional, com a inicial formulação e aprovação de uma declaração, a posterior construção de documentos de caráter obrigacional no plano internacional e da futura criação de instância de soluções de controvérsias em temáticas de Direitos Humanos no plano internacional, os documentos internacionais asseguratórios dos Direitos Humanos refletiram a progressiva densificação normativa do princípio da vedação do retrocesso de proteção da pessoa humana, precisando-lhe o conteúdo normativo, seu alcance e as suas funções. Nesse sentido, o primeiro documento internacional de Direitos Humanos firmou obstáculos para a interpretação restritiva de seus preceitos e de práticas de abolição dos direitos deferidos à pessoa humana, por força de sua excelência própria.

Assim, a Declaração de Direitos do Homem de 1948, em seu art. 30, estabeleceu que nenhuma de suas disposições poderia ser "interpretada como o reconhecimento a qualquer Estado, grupo ou pessoa, do direito de exercer qualquer atividade ou praticar qualquer ato destinado à destruição de quaisquer dos direitos e liberdades nela estabelecidas". Foi, no entanto, com a aprovação dos Pactos de Direitos Humanos de 1966 que o princípio da vedação do retrocesso ganha novos contornos, merecendo referencial destacado no plano dos direitos econômicos, sociais e culturais.

Preceitua o art. 2º, § 1º, do Pacto de Direitos Econômicos, Sociais e Culturais que os Estados-partes, no pacto, comprometem-se a adotar medidas, tanto por esforço próprio quanto pela assistência e cooperação internacionais, principalmente nos planos econômico e técnico, até o máximo de seus recursos disponíveis, que visem assegurar, progressivamente, por todos os meios apropriados, o pleno exercício dos direitos reconhecidos no presente Pacto, incluindo, em particular, a adoção de medidas legislativas.

Na mesma trilha proibiu a "restrição ou suspensão dos Direitos Humanos fundamentais reconhecidos ou vigentes em qualquer país em virtude de leis, convenções, regulamentos ou costumes, sob o pretexto de que o presente pacto não os reconheça ou os reconheça em menor grau", sendo o documento internacional complementar às práticas e normativas nacionais de promoção da pessoa humana. Além disso, o pacto expressamente acolheu o princípio do não regresso no campo interpretativo, à medida que estabeleceu, pelo seu art. 5º, a inviabilidade de as suas disposições serem interpretadas no sentido de reconhecer a prática de atos atentatórios aos direitos ou liberdades neles reconhecidos ou ainda de se lhes impor limitações mais amplas do que aquelas neles previstas. Relembre-se que esses pactos estabelecem obrigações internacionais, submetendo os Estados à sua séria observância, como bem asseverado por Flávia Piovesan:

A ideia da não acionabilidade dos Direitos Sociais é meramente ideológica e não científica. São eles autênticos e verdadeiros Direitos Fundamentais, acionáveis, exigíveis e demandam séria e responsável observância. Por isso, devem ser reivindicados como direitos e não como caridade, generosidade ou compaixão. Ainda, quanto à obrigatoriedade dos Direitos Humanos econômicos, sociais e culturais, o Pacto de 1966 ainda preceituou: Os Estados-membros no presente Pacto reconhecem que, no exercício dos direitos assegurados em conformidade com o presente Pacto pelo Estado, este poderá submeter tais direitos unicamente às limitações estabelecidas em lei, somente na medida compatível com a natureza desses direitos e exclusivamente com o objetivo de favorecer o bem-estar geral em uma sociedade democrática.

É de se ressaltar que o dispositivo vertente não abriu fenda à obrigatoriedade dos direitos econômicos, sociais e culturais, diante da necessária interpretação sistemática desse artigo com o disposto no art. 5º, que vedou a redução da proteção dos direitos estabelecidos pelas ordens jurídicas nacionais. Entretanto, o Pacto consentiu que, de maneira a sopesar outros interesses maiores, o alcance dos Direitos Sociais, econômicos e culturais fosse limitado. Assim, o que se admitiu foi sujeitar o exercício desses direitos aos limites estabelecidos em lei, "em medida compatível com a natureza desses direitos" e visando a um interesse maior da sociedade democrática. Trata-se, pois, de se considerar que os Direitos Humanos são considerados como de condicionamento recíproco. E, nessa ordem, o fim comunitário a ser alcançado há de ser de tal ordem que o senso de justiça justificaria uma razoável (adequada e proporcional) limitação. O diploma internacional se reporta, portanto, ao princípio da proporcionalidade como norteador de eventuais restrições aos direitos econômicos, sociais e culturais. A vedação ao retrocesso ainda foi expressamente reiterada nos diplomas internacionais de proteção aos Direitos Humanos de Teerã, de 1968, e Viena, de 1993. Outros diplomas internacionais também contemplam o princípio de vedação ao retrocesso, pugnando pela progressividade da proteção da pessoa humana. Nesse sentido, o art. 29 da Convenção Americana sobre Direitos Humanos; o art. 1.1 da Convenção contra a Tortura e o art. 41 da Convenção sobre os Direitos da Criança, entre outros.

Registre-se, por fim, que o princípio do não retrocesso foi expressamente acolhido no sistema regional americano de proteção aos Direitos Humanos, constando do art. 29 da Convenção Americana de Direitos Humanos.

1.2.2. O princípio da vedação do retrocesso na Organização Internacional do Trabalho. Na esfera da Organização Internacional do Trabalho também se encontra positivado o princípio de progressividade e não retrocesso das condições sociais dos trabalhadores. Como se sabe, a Organização Internacional do Trabalho tem por objetivos e finalidades constitucionais a universalização da promoção do valor trabalho, atuando na melhoria das legislações nacionais, com fixação de condições de trabalho mínimas aplicáveis aos trabalhadores. A Declaração da Filadélfia, incorporada à Constituição da entidade em 1946, estabelece o compromisso da entidade a um esforço contínuo e conjugado com as nações para o progresso da legislação laboral.

Afirmou, ainda, como seu objetivo, assegurar o direito ao "bem-estar material e o desenvolvimento espiritual dentro da liberdade e da dignidade", que "a realização de condições que permitam o exercício de tal direito deve constituir o principal objetivo de qualquer política nacional ou internacional" e "quaisquer planos ou medidas, no terreno nacional ou internacional, máxime os de caráter econômico e financeiro, devem ser considerados sob esse ponto de vista e somente aceitos quando favorecerem, e não entravarem, a realização desse objetivo principal".

Além disso, o art. 19, VIII, da Constituição da OIT, consagra regra expressa que veda a adoção de uma Convenção ou Recomendação pela entidade em retrocesso à proteção do trabalhador no plano nacional.

Nos termos do dispositivo constitucional:

Em caso algum, a adoção, pela Conferência, de uma convenção ou recomendação, ou a ratificação, por um Estado-membro, de uma convenção, deverão ser consideradas como afetando qualquer lei, sentença, costumes ou acordos que assegurem aos trabalhadores interessados condições mais favoráveis que as previstas pela convenção ou recomendação.

1.3. O PRINCÍPIO DA PROGRESSIVIDADE E NÃO RETROCESSO NA ORDEM JURÍDICA NACIONAL: A CONSTITUIÇÃO DE 1988

O princípio da progressividade dos Direitos Humanos foi acolhido pela Constituição Brasileira de 1988. Nesse diapasão, o art. 4º, II, da CRFB/ 1988 estabeleceu a prevalência dos Direitos Humanos como princípio fundamental da República Federativa do Brasil nas suas relações internacionais.

O art. 5º, § 2º, ainda estabeleceu que "os direitos e garantias expressos nesta Constituição não excluem outros decorrentes do regime e dos princípios por ela adotados, ou dos tratados internacionais em que a República Federativa do Brasil seja parte".

Desse modo, a Constituição de 1988 assegurou a expansão das garantias originais deferidas à pessoa humana, na linha enunciada pelo princípio da progressividade dos Direitos Humanos.

Relativamente aos Direitos Sociais, a consagração do princípio da progressividade foi ainda mais eloquente, diante da expressa redação conferida ao art. 7º, caput, que enuncia os Direitos Fundamentais dos trabalhadores, sem prejuízo de outros que visem à melhoria de sua condição social.

A Constituição de 1988 também acolheu o princípio do não regresso no campo dos Direitos Fundamentais.

> *Relativamente aos Direitos Fundamentais expressos na Constituição, o art. 60, § 4º, inviabiliza o poder de emendar em se tratando de proposta que venha abolir direitos e garantias fundamentais individuais. No entendimento já assentado na literatura e prática nacionais, a proteção conferida pelo dispositivo constitucional ainda haveria de ser interpretada no sentido de irradiação para os Direitos Sociais:*
>
> *Pelos seus vínculos principais [...] os Direitos Sociais recebem em nosso direito constitucional positivo uma garantia tão elevada e tão reforçada que lhes faz legítima a inserção no mesmo âmbito conceitual da expressão direitos e garantias individuais do art. 60. Fluem, por conseguinte, uma intangibilidade que os coloca inteiramente além do alcance do poder constituinte ordinário, ou seja, aquele poder derivado, limitado e de segundo grau, contido no interior do próprio ordenamento jurídico. Com respeito aos demais padrões sociais assegurados pela ordem jurídica, havemos de reconhecer que, diante dos valores e princípios fundamentais expressos no título I da Constituição de 1988, há uma expansão axiológica da Constituição para o conjunto normativo que permite efetivar as garantias e os direitos constitucionais. Trata-se de reconhecer que, no Estado Democrático de Direito, a lei passa a ser, privilegiadamente, um instrumento de ação concreta do Estado, tendo como método assecuratório de sua efetividade a promoção de determinadas ações pretendidas pela ordem jurídica.*
>
> *Assim, a ordem jurídica, ao instituir e estruturar os direitos dos trabalhadores, estabelece níveis sociais que se incorporam ao "patrimônio jurídico da cidadania", na expressão de Luis Roberto Barroso, e não podem ser simplesmente suprimidos.*
>
> *Trata-se de reconhecer, valendo-se da teoria de Louis Favoreue das lições de G. Bidart Campos, que há normas nas quais a força da Constituição se irradia, promovendo verdadeira integração, complementação e ampliação do núcleo de Direitos Fundamentais consagrados".*

De tudo resulta, claramente, que a *progressividade* e a *irreversibilidade* encontram moradia preferencial no campo do Direito Coletivo, em que a liberdade sindical, o direito à negociação coletiva e a greve são componentes essenciais.

Nesse diapasão, talvez necessário se faça advertir que a *progressividade* e a *não regressividade* tem moradia em sentenças normativas, acordos e convenções coletivas, que não podem restringir, suspender ou fazer cessar o Direito de Greve, tais como as famigeradas "cláusulas de paz social".

A propósito, em sede de negociação coletiva, cabe lembrar que o direito estabelecido não pode ser derrogado para pior mediante uma concepção distorcida do "negociado sobre o legislado" sob o argumento da necessidade de ajustes em razão de crises financeiras e econômicas, até porque o sistema capitalista vive em crise e das crises. Suas crises são cíclicas, algumas são superdimensionadas, outras têm fortes tons de artificialidade. E quando as crises terminam, o sistema sai reforçado para uma nova crise...

No Brasil, antes mesmo que a recente crise financeira alcançasse as empresas, estas já estavam programando dispensas coletivas, reivindicando mais flexibilização dos direitos trabalhistas, criando um clima de pânico e tensão que pudesse favorecer as "reformas trabalhistas necessárias ao desenvolvimento do país".[45] De quebra, pressionaram entidades sindicais para que aceitassem negociações coletivas danosas aos trabalhadores, inclusive em caráter preventivo.[46]

Neste contexto, o presidente de uma gigante na área de mineração liderou um infeliz manifesto pela desregulamentação da legislação laboral, ao mesmo tempo em que dispensava 1.300 empregados, apesar dos incomensuráveis lucros acumulados nos últimos anos (R$ 20.006 bilhões em 2007; R$ 13.431 bilhões em 2006). Não bastasse, nesse ano de 2009, apresentou no 1º bimestre lucros recordes após dispensar centenas de obreiros "por conta da crise..." Em maio último, comunicou "a quem interessar possa" que despediria de 250 a 300 porque "a recuperação do mercado ainda não aconteceu como a (omissis) esperava".[47]

Outra face desta "crise", criada com fins de realimentar o capital, é a das reestruturações oriundas de planos de "reengenharia empresarial", com cortes do quadro funcional, mesmo quando a empresa apresenta bons índices de lucratividade. Talvez seja esta uma das faces mais perversas do "mercado". Dezenas, centenas, quando não milhares, são postos no "olho da rua" para dar ainda maior lucro, para aumentar a competitividade ou, ainda, para recuperar índices anteriores de ganhos. Paradoxalmente, ou nem tão paradoxalmente assim, as ações sobem, assim como o rendimento dos acionistas, sócios, diretores e gerentes.[48]

---

(45) Registre-se que há também setores que não só ficaram a salvo das tormentas econômicas, como aumentaram os seus ganhos. São os "sem-crise"(alimentação, bebida, perfumaria, materiais esportivos, recreação e lazer, shopping-centers e livrarias). Fonte: *Jornal O Globo*, Economia, Miriam Leitão, p.30 e 31 publicação de 4.9.2009.
(46) SOUTO MAIOR, Jorge Luiz sustenta que esta estratégia poderia até configurar crime contra a ordem econômica, nos termos da Lei n. 8.884/1994. Negociação coletiva de trabalho em tempos de crise econômica, *Revista IOB*, 03/09, 237, p. 49, São Paulo.
(47) Fonte: *Jornal O Globo*, sábado, 30.5.2009, p. 30, Caderno Economia. Merece ser destacado ainda que essa mesma empresa anunciou que está discutindo com o grupo alemãoTHYSSEN-KRUPP uma participação adicional na Companhia Siderúrgica do Atlântico (CSA). Sua participação pularia de 10% para 30% no maior investimento privado em andamento no Brasil (*O Globo*, Economia, p. 33, 4.7.09)...
(48) Aliás, mesmo quando a crise é real, esses distintos senhores recusam a redução de seus benefícios e, quando aceitam, o fazem de forma relutante, como noticiou a grande imprensa dos EUA e da Europa sobre a atual crise.

Essas crises alimentam ainda o quadro apontado no item anterior, oriundo do capitalismo turbinado pós-moderno com nefastas consequências na organização dos sindicatos e no poder de reivindicação dos trabalhadores, favorecendo a perda da centralidade obreira e sindical e, também, a destruição do trabalho fixo e contínuo, dando lugar àquilo que Romagnoli[49] chama de "deslaborización" das relações de trabalho e Baylos de uma " ruída del derecho del trabajo.[50]

As consequências da crise, por conseguinte, contribuem para o processo de erosão do Direito do Trabalho e o enfraquecimento das entidades laborais, facilitando a reconstituição ou aumento dos ganhos do capital, tornando a mítica figura do "mercado" ainda mais poderosa ("*primero, las mercancías; después, los pasajeros...*"[51]).[52]

Cresce de dimensão essa crise por conta dos "criadores de opinião", que produzem discursos incessantes contra o Estado Social[53], as entidades sindicais

---

(49) ROMAGNOLI apud OLIVAS, Enrique. In: *Desórdenes sociales y ajustes constitucionales*, p. 481, Globalización y Derecho. Madrid: Editorial Dilex. SL, 2004 Coord. Jesús Lima Torrido, Enrique Olivas y Antonio Ortíz-Arce de la Fuente.
(50) GRAU, Antonio Pedro Baylos. **La ruída del derecho del trabajo: tendencias y límites de la deslaboralización,** p. 128. Alárcon/Miron (coord.) In: *El trabajo ante el cambio del siglo*: un tratamiento multidisciplinar. Madrid: Editorial Dilex, 2004.
(51) OLIVAS, Enrique. Ob. cit., p. 489.
(52) "A todos estas ideologías de la desregulación" les mueve un verdadero <afán destructor de derechos>, publicitando de forma intensa la exclusiva legitimación de la eficacia y los rendimientos económicos extraordinarios — ignorando la drástica reducción del "capital" natural no sustituíble; actuando con un criterio general de comprensión y translación de costes, y, simultáneamente, observando como disfuncional el papel estructural de los sindicatos". OLIVAS, Enrique. Ob. cit., p. 508.
(53) Perdem de vista inclusive o caráter civilizatório que o Estado Social cumpre, como bem destaca Zygmunt Bauman: "Um Estado é "social" quando promove o princípio do seguro coletivo, endossado de modo comunitário, contra o infortúnio individual e suas consequências. É basicamente esse princípio — declarado, posto em operação e que se acredita estar em funcionamento — que remodela a ideia, de outra forma abstrata, de "sociedade" na experiência de uma comunidade sentida e vivida, substituindo a "ordem do egoísmo" (para empregar os termos de John Dunn), que tende a gerar uma atmosfera de desconfiança e suspeita mútuas, pela "ordem da igualdade", que inspira confiança e solidariedade. É o mesmo princípio que eleva os membros da sociedade à condição de *cidadãos,* ou seja, que os torna depositários, além de acionistas: beneficiários, mas também atores — os guardiões e vigias do sistema de "benefícios sociais", indivíduos com um interesse agudo no bem comum entendido como uma rede de instituições compartilhadas em que se pode confiar, e ter uma expectativa realista, para garantir a solidez e fidedignidade da "política de seguro coletivo" promulgada pelo Estado. A aplicação desse princípio pode proteger, o que com frequência faz, homens e mulheres da praga da pobreza; e ainda mais importante, contudo, é que pode se tornar uma abundante *fonte de solidariedade*, capaz de reciclar a "sociedade" num bem comum, compartilhado, de propriedade comum e conjuntamente cuidado, graças à defesa que fornece contra os horrores gêmeos da *miséria* e da *indignidade* — ou seja, os horrores de ser excluído, cair ou ser empurrado para fora do veículo do progresso em rápida aceleração, ser condenado à "redundância social", sendo-lhe negado o respeito merecido pelos seres humanos, e ser designado como "dejeto humano"." (*Vida para consumo*. A transformação das pessoas em mercadoria. Rio de Janeiro: Zahar, 2008. p. 177 e 178)

e os trabalhadores que gozam (ainda) dos seus Direitos Sociais fundamentais. Desvalorizam, deste modo, a cultura dos direitos no acelerado e desmemoriado imaginário social — fomentado pela mídia, empresários e até por alguns acadêmicos e juristas. Os Direitos Humanos e Fundamentais, notadamente os de cunho social, são apresentados como questionáveis, relativos a uma fase histórica superada.

Fruto nefasto do quadro exposto acima é a negociação coletiva em detrimento do trabalhador, voltada para beneficiar a empresa e, mais amplamente, o mercado e o sistema econômico e financeiro vigente.

A Convenção Coletiva e os Acordos Coletivos de Trabalho caracterizam-se pela sua normatividade complementar às regras estabelecidas nos Tratados e Convenções Internacionais, normas e preceitos da Constituição Federal e nas leis complementares e ordinárias. Tal ocorre porque é impossível prever toda a gama de eventos e circunstâncias que surgem no curso das relações laborais.

Assim, os grandes textos normativos estabelecem um patamar mínimo de direitos sobre o qual às partes, em negociação coletiva, faculta-se, dentro da concepção da progressividade do direito (art. 7º, *caput*, da Constituição Federal brasileira), estabelecer outros mais.

A normatividade que norteia estes instrumentos coletivos, por conseguinte, não pode atentar contra o que já consagrado nos diplomas que compõem o direito internacional, os princípios e regras da Constituição e toda a legislação que lhes dá forma, aperfeiçoa ou aprofunda.

De sorte que inteiramente dissociadas dos postulados da progressividade e do dever de não regressividade são as convenções e acordos coletivos que autorizam a redução, supressão ou modificação *in pejus* de direitos laborais que guardem relação, mesmo que indireta, com os Direitos Humanos e fundamentais.

Resumindo: a negociação coletiva *in pejus* contraria, em se tratando de Direitos Humanos e Fundamentais, compreendidos neste rol os sociais-trabalhistas que guardem vínculo imediato ou mediato com aqueles, os princípios da progressividade, da irreversibilidade ou não regressividade.[54]

Postos esses enunciados, enfrentaremos rapidamente aqui o caso específico da última crise, a financeira de 2007/2009, iniciada com o estouro da "bolha imobiliária" no EUA. Para combater ou remediar as suas consequências, propõem alguns a aplicação do art. 7º, VI, da Constituição Federal brasileira, que permite a redução de salários via negociação coletiva.

---

(54) Repetimos que estes postulados dizem respeito a qualquer ato normativo, estatal ou não, pelo que não é lícito ao Judiciário furtar-se à apreciação da compatibilidade das cláusulas pactuadas em sede coletiva com tais princípios.

Sucede que o dispositivo em referência, segundo o princípio da progressividade, desautoriza a redução pura e simples dos salários, pois isso não representa uma melhora nas condições do trabalhador ("*São direitos dos trabalhadores urbanos e rurais, além de outros que visem à melhoria de sua condição social*" — art. 7º, *caput* da Constituição Federal brasileira)...

Portanto, não é o instrumento coletivo que irá legitimar a contrariedade aos princípios constitucionais da progressividade e da irreversibilidade e ao Direito Fundamental do obreiro a uma remuneração digna e de acordo com o valor social do seu trabalho.[55]

Dentro desse espírito, a Lei n. 4.923/1965 estabelece como condição para redução o limite máximo de 25% (vinte e cinco por cento) do salário contratual, respeitado o salário mínimo e a duração máxima de 3 meses; a redução correspondente da jornada ou dos dias trabalhados; a necessidade econômica devidamente comprovada e a impossibilidade de contratação por 6 (seis) meses de novos empregados depois da cessação da situação ensejadora do regime especial, antes de concedida a oportunidade para a readmissão daqueles dispensados anteriormente. Moralizando ainda mais o procedimento de redução de salário, a lei exige, outrossim, a redução proporcional da remuneração e das gratificações de gerentes e diretores, mandamento que deve ser estendido também aos sócios e acionistas (art. 2º, *caput*).

Outro diploma que trata da negociação coletiva em tempos de crise, resguardando os princípios e parâmetros mencionados neste ensaio, é a Lei n. 11.101/05 que, para preservar empregos, admite como instrumento de recuperação judicial, a "*redução salarial, compensação de horários e redução da jornada, mediante acordo ou convenção coletiva*" (art. 50, VIII). Este estatuto, que atualmente regula a recuperação judicial, a extrajudicial e a falência da sociedade empresária, demanda a exposição "*das causas concretas da situação patrimonial*" da empresa e "*das razões da crise econômico-financeira*" (art. 51, II), além da "*demonstração de sua viabilidade econômica*" (art. 53, II), entre outras exigências.

Nesta linha de raciocínio, segue a já citada jurista Daniela Muradas[56]

> "*A função social do sindicato orienta-se pelo princípio da progressividade e não regressão das condições sociais e, nestes termos, os padrões jurídicos estabelecidos nos instrumentos negociais coletivos não poderão, a princípio, ser inferiores aos padrões assegurados pelas normais estatais de proteção ao trabalho*".

---

(55) Destarte, o art. 7º, VI, da Constituição Federal brasileira há que se aplicado segundo a razoabilidade e a proporcionalidade, e em consonância com outros princípios, entre eles, o da progressividade e da irreversibilidade.
(56) Ob. cit., p. 84-86.

"Os limites da precarização dos padrões estatais pela negociação coletiva de trabalho podem ser sintetizados no complexo de proteção que deve ser efetivado independentemente das contingências econômicas, políticas e sociais[57]*: os direitos e garantias da pessoa humana consagrados na Constituição e nos documentos internacionais de Direitos Humanos, bem como as condições laborativas asseguradas por normas imperativas que ventilam interesse público".*[58]

"Afinal, o progresso e não retrocesso das condições sociais consiste em um imperativo ético-jurídico, decorrente da dignidade da pessoas humana e do valor ínsito ao trabalho, e não há de ser desconsiderado no plano do Direito do Trabalho, particularmente, no seu segmento coletivo".

Nessa esfera, vale lembrar também a *ultratividade* ou *aderência contratual* das condições de trabalho oriundas de convenções ou acordos coletivos.[59] Qualquer regra ou construção jurisprudencial que desconsidere ou limite a vigência temporal do que inserido no contrato de trabalho, fruto da negociação coletiva, afronta irremediavelmente os princípios em estudo, sobretudo se inexistente um conjunto compensatório de condições sociais e laborais no novo instrumento coletivo[60]. Esse raciocínio, outrossim, tem pertinência com a sentença normativa, guardadas as suas peculiaridades.

Encerrando esse capítulo, citamos a lição de Boaventura de Souza Santos[61]:

"E, para isso, é preciso sempre lutar, como dizia Hannah Arendt, por mais direito a ter direitos".

"Eu só compreendo o acesso ao direito se o direito vale a pena, isto é, se os Direitos Sociais continuarem a ser defendidos e protegidos".

"O trabalhador moderno é, para o neoliberalismo, o trabalhador sem direitos. E isso é precariedade. E, portanto, tudo que vá em sentido contrário é, obviamente, muito positivo"

---

(57) Citando Arnaldo Süssekind, " a verdade é que há normas fundamentais que, independentemente das prioridades nacionais, são inseparáveis do esforço da humanidade em favor da justiça social" SÜSSEKIND, Arnaldo *et al. Instituições de direito do trabalho*. São Paulo: LTr, 1999. p. 212.
(58) Citando Luisa Galantino, "de um critério de uniformidade no tratamento das normas absolutamente inderrogáveis — inviabilizando quer a lateração desfavorável, quer a favorável. GALANTINO, Luisa. *Diritto Del lavoro*. Torino: G. Giappichelli Editore, 1996. p. 65.
(59) Sobre o tema, confira-se a nova redação da Súmula n. 277 do C. TST.
(60) MURADAS, Daniela. Ob. cit., p. 85.
(61) *Para uma revolução democrática da justiça*. São Paulo: Cortez, 2007. p. 94, 95 e 113.

4 A GREVE COMO DIREITO HUMANO E FUNDAMENTAL

A greve, fato social por excelência, pelas suas repercussões, tornou-se objeto do Direito. Primeiro como ato ilícito; após como fato e ato jurídico e, com a evolução da sociedade, como Direito. Contudo, independentemente de seu reconhecimento formal pelo direito positivo, constitui-se em um fato social inerente aos interesses contrapostos existentes na sociedade. Traduz um anseio de alterar, inverter, superar a situação das classes sociais ou categorias profissionais.

Todos os direitos dos trabalhadores remontam ou têm como caldo de cultura as lutas obreiras, que encontram na greve um instrumento precioso para implementar suas reivindicações e, outrossim, para combater a opressão econômica, a degradação de suas condições de vida e trabalho, o descumprimento ou a burla dos deveres dos empregadores.

Conforme pontua Guillermo Pajoni[62], o direito de greve é, em realidade, a conquista dos trabalhadores que mais incomoda os empresários, dirigentes de empresa, organizações patronais, setores conservadores e reacionários da sociedade, que buscam, não raro, enquadrar, restringir, regulamentar, quando não impedir o seu exercício.

Márcio Túlio Viana bem ressalta este aspecto quando diz: "A greve sempre surpreende, ainda que esperada; e tanto incita quanto irrita, mesmo se rotineira. Em outras palavras, choca."[63]

Não poderia ser de outro modo, pois é um direito que se impôs aos empregadores, tomadores de serviço e ao Estado.

Baylos Grau, Catedrático de Direito do Trabalho da Universidade de Castilla--La Mancha, com rara felicidade, registra que:

---

(62) PAJONI, Guillermo. La huelga es un derecho humano. In: RAMÍREZ, Luiz Henrique (coord.). *Derecho del trabajo y derechos humanos*. Montividéo-Buenos Aires: Editorial IBdef, 2008. p. 555.
(63) VIANA, Márcio Túlio. *Da greve ao boicote:* os vários significados e as novas possibilidades das lutas operárias (Ver. Trib. Reg. 3ª Reg. Belo Horizonte, v. 49, n. 79, p. 101-121, jan./jun. 2009)

"La huelga precede a su regulación jurídica. Solapandose con el conflicto estructural que vertebra las relaciones y de reglas jurídicas que hacen especial referencia al conflicto que se produce entre los intereses de carácter colectivo de empresario y de trabajadores y las formas de expresión de éste. Esta regulación del conflicto afecta directamente a la libertad sindical y en términos mas generales al pluralismo social entendido como la facultad del grupo social de autoproteger su propio interés sin necesidad de sucorrir a los mecanismos arbitrados por el Estado para la solución de las controversias derivadas del trabajo. Este poder define como al conjunto de las facultades de autotutela colectiva. Es un poder social que se reconoce a las formaciones sociales que expresan el interés colectivo de los trabajadores, es decir, que personifican la clase social de los trabajadores como sujetos subalternos política, social y económicamente, los sindicatos, quienes se encuentran necesariamente volcados en el compromiso de los poderes públicos de lograr la igualdad sustancial, para cuya finalidad el sistema jurídico precisamente les dota de los medios adecuados al logro de ese objetivo nivelador y gradualista".[64]

Portanto, consiste a greve em arma básica do trabalhador na eterna luta pela sua dignidade como ser humano e pelo reconhecimento e efetivação de seus direitos.[65][66]

Recorde-se que a dignidade da pessoa humana é compreendida como qualidade integrante e irrenunciável da própria condição humana. É assegurada a cada um, fazendo-o merecedor de um complexo de direitos e liberdades fundamentais que devem ser respeitados pelo Estado, pela sociedade e pelos particulares.[67]

---

(64) GRAU, Antonio Pedro Baylos. *Titularidad y ejercicio del derecho de huelga:* los inmigrantes irregulares como ejemplo in el conflicto colectivo y la huelga (Estudios en Homenaje al Professor Gonzalo Diéguez) Coordinadores Jaime Cabeza Pererio y Jesús Martínez Girón. 1. ed. Ediciones Laborum, 2008. Murcia. p. 401.
(65) PORTO, Noêmia Aparecida Garcia. A greve como um direito: irritações entre os sistemas e desafios à estabilização de expectativas. *Revista Trabalhista Direito e Processo*, n. 26, 2008, LTr, São Paulo, p. 77.
(66) No mesmo sentido, trilha a seguinte decisão: "É curioso notar que, no mesmo momento em que a fábrica deixa de produzir mercadorias, a greve — que é também o seu contrário — passa a produzir direitos. E direitos não só *trabalhistas,* em sentido estrito, mas *humanos,* em sentido amplo. Um desses direitos pode ser o próprio direito de fazer greve. A greve é ao mesmo tempo *pressão* para construir a norma e *sanção* para que ela se cumpra. Por isso, serve ao Direito de três modos sucessivos: primeiro, como fonte material; em seguida, se transformada em convenção, como fonte formal; por fim, como modo adicional de garantir que as normas efetivamente se cumpram." Processo n. 0018000-35.2012.5.17.0000 — Acórdão — TRT 17ª Região, Dissídio Coletivo de Greve.
(67) PORTO, Noêmia Aparecida Garcia. Ob. cit., p. 77.

Assim, eleva-se a greve à condição de "liberdade fundamental individual",[68] "liberdade como valor constitucional"[69], "Direito Constitucional"[70], "Direito Fundamental da Pessoa Humana"[71], "Direito Fundamental"[72], "Superdireito"[73], "Direito Subjetivo de Caráter Fundamental"[74] ou a "Direito Humano"[75].

A Declaração Universal dos Direitos Humanos, apesar de não tratar expressamente do direito de greve, em seu preâmbulo ressalta ser *"essencial que os Direitos Humanos sejam protegidos por um regime de direito, a fim de que o homem não se veja compelido ao supremo recurso da rebelião contra a tirania e a opressão"*. Em seus arts. 22 a 26, entre outros, estabelece os Direitos Humanos que incluem o direito ao trabalho, a condições dignas e isonômicas de labor, a uma remuneração equitativa e satisfatória, a um nível de vida adequado, à maternidade, à proteção, à infância e à educação.

O direito de greve foi (e ainda é) uma das ferramentas mais importantes à efetivação do rol acima, além de outros estabelecidos em diplomas posteriores, garantidos pelos princípios da *progressividade* e da *irreversibilidade*.

A Convenção Americana sobre Direitos Humanos (Pacto de San Jose de Costa Rica) dispõe em seu art. 21 que "toda pessoa tem direito ao uso e gozo de seus bens. A lei pode subordinar tal uso e gozo ao interesse social. Tanto a usura como qualquer outra forma de exploração do homem, pelo homem, devem ser proibidas por Lei". Por sua vez, o art. 26 consagra o princípio da *progressividade* dos direitos de forma clara ao dispor que "Os Estados-parte se comprometem a adotar providências, tanto a nível interno como mediante cooperação internacional, especialmente econômica e técnica; para lograr progres-

---

(68) GAUDU, François. Les droits sociaux. In: *Libertés e droits fondamentaux*, sous la direction de CABRILAC, Rémy; FRISON-ROCHE, Marie-anne; REVET, Thierry. 15. ed. Paris: DALLOZ, 2009. p. 765.
(69) MAZEUD, Antoine. *Droit du travail*. 2. ed. Paris: Montchrestien, 2000. p. 204.
(70) PÉLISSIER, Jean; SUPIOT, Alain; JEAMMAUD, Antoine. *Droit du travail*. 24. ed. Paris: DALLOZ, 2008. p. 1413.
(71) Posição que seria adotada na Itália, segundo Mazeud (ob. cit., p. 346). Amauri Mascaro Nascimento (*Compêndio de direito sindical*. 2. ed. São Paulo: LTr, 2000. p. 373) cita decisão da Corte Máxima Italiana, que alude à greve como manifestação de liberdade constitucional.
(72) DELGADO, Mauricio Godinho. *Curso de direito do trabalho*. 8. ed. São Paulo: LTr, 2009. p. 1316.
(73) GODINHO (ob. cit., p. 1316), conquanto não abrace esta tese, admite que possui "importantes elementos de verdade: a greve, como direito coletivo, traduz, de fato, exercício privado e grupal de coerção, prevalecendo, em certa medida, sobre outros direitos tradicionais do empregador e, até mesmo, da própria comunidade. Além disso, é movimento social que, muitas vezes, intenta ultrapassar o direito construído, alterá-lo, reconstruí-lo".
(74) GIL, Luiz Enrique de la Villa. Las indemnizaciones escandalosas como medida indirecta de limitación del derecho de huelga. Una reflexión general al socaire de un caso particular. In: *El conflicto colectivo y la huelga*. PERERIO, Jaime Cabeza; GIRÓN, Jesús Martínez (coords.). Murcia: Ediciones Laborum, 2008 mencionando sentença da 4ª sala do Tribunal Supremo de 10.11.06, Rº 130/2005.
(75) Guillermo Pajoni a elege como um "Direito Humano Fundamental" em seu ensaio " La huega es un derecho humano". In: Luiz Enrique Ramírez (coord.). *Derecho del trabajo y derechos humanos*. Montevideo- Buenos Aires: Editorial IbdF, 2008. p. 563-568.

sivamente a plena efetividade dos direitos que derivam das normas econômicas, sociais e sobre educação, ciência e cultura, contidas na caixa de organização dos valores americanos, reformada pelo protocolo de Buenos Aires, na medida dos recursos disponíveis, por via legislativa e outros meios apropriados".

Já a Declaração Americana Dos Direitos e Deveres do Homem, põe em evidência, no seu artigo XXI, o direito de reunião de toda pessoa, em manifestação pública ou em assembleias para tratar livremente de seus interesses, sejam quais forem... Essa regra poderia servir à reflexão daqueles que professam restrições ao direito de greve ou proferem decisões contra assembleias na empresa, piquetes e até ocupações pacíficas e transitórias do estabelecimento patronal.

Os diplomas internacionais, consequentemente, agasalham vários Direitos Fundamentais, reafirmando outros e abrindo caminhos para que os novos sejam adicionados segundo o cânone da *progressividade* e da *não regressividade*. E, na omissão dos Estados e dos agentes políticos e sociais, a greve erige-se em instrumento valioso, se não o mais importante, para tornar realidade o que inserido nos estatutos internacionais sobre Direitos Humanos.

Nesse diapasão, o "Pacto Internacional de Direitos Econômicos e Sociais e Culturais" preceitua, em seu art. 8º, inciso I "d", que os Estados assegurarão o direito de greve, registrando no seu inciso III que "nada no disposto neste artigo autorizará os Estados-Partes no Convênio da Organização Internacional do Trabalho, de 1948, relativo à liberdade sindical e à proteção do direito de sindicalização a adotar medidas legislativas que menoscabem às garantias previstas no dito convênio ou a aplicar a lei de forma que menoscabe ditas garantias".

A Declaração Sociolaboral do Mercosul, reafirmando a natureza da greve e sua relevância, decreta que ela diz respeito a todos os trabalhadores e suas organizações sindicais, sendo vedado impedir o seu livre exercício (art. 11).

Já o Comitê de Liberdade Sindical da Organização Internacional do Trabalho — OIT erige igualmente a greve como Direito Fundamental dos trabalhadores, apontando como um meio essencial para que estes promovam e defendam seus interesses, conforme atestam suas ementas n. 363 e 364, transcritas abaixo:

"O direito de greve dos trabalhadores e suas organizações constitui um dos meios essenciais de que dispõe para promover e defender seus interesses profissionais".

"O comitê sempre estimou que o direito de greve é um dos direitos fundamentais dos trabalhadores e de suas organizações, unicamente na medida em que constitui meio de defesa de seus interesses".

De modo que o Direito Humano e Fundamental de greve, assegurado por Tratados e Convenções Internacionais, mediante seu livre e amplo exercício, permite ao cidadão que labora ter acesso de fato à saúde, lazer, remuneração e trabalho dignos e um meio ambiente saudável, tornando palpáveis as normas e regras que tratam desses Direitos Humanos e de outros consagrados como tais nos instrumentos de direito internacional e nas Constituições dos países civilizados. Se os trabalhadores não encontrarem real e efetivo acesso à greve em uma sociedade capitalista, com interesses econômicos e sociais contrapostos — onde a distribuição da riqueza é feita, em regra, em favor de uma minoria que se apropria da riqueza para "distribuí-la" por meio de salário, o mais baixo possível, ou mediante benefícios que não afetem significativamente seus ganhos — os demais Direitos Humanos e Fundamentais seriam na prática totalmente negados.[76]

Aqui cabe um parêntese: o direito de propriedade, o de livre iniciativa e comércio e seus corolários, ante o Direito de Greve (e de todos os outros por ele defendidos), não devem ser contemplados em um plano de igualdade, pois de natureza diversa, residindo inclusive em planos hierárquicos distintos[77], razão pela qual prevalece o último.

Em uma leitura aparentemente neutra, joga-se com a harmonia normativa ou dos princípios,[78] quando em uma sociedade com interesses que se opõem, deve prevalecer o direito que consagra o maior rendimento ou intensidade dos Direitos Humanos. A relevância da greve e da ampla gama dos Direitos Humanos e Fundamentais sujeitos à sua proteção, faz pender a balança, sob o ângulo da proporcionalidade, em seu favor.

---

(76) PAJONI, Guillermo. Ob. cit., p. 546.

(77) Impossível não registrar a posição de Gregório Peces-Barba (Reflexiones sobre los derechos sociales, in *Derechos Sociales y Ponderación*, p. 95-98, obra conjunta sobre Teoria dos Direitos Fundamentais de Robert Alexy, Fundación Coloquio Jurídico Europeo, Madrid; 2007) para quem o direito de propriedade deve ser descartado como direito fundamental. É direito privado. Não cabe sua inclusão no rol daqueles tidos como fundamentais porque não é generalizado, não surge no âmbito prático como um direito de todos. Em uma sociedade burguesa, é absolutamente irreal a sua extensão a todos. Em suma, o direito de propriedade é, antes de tudo, parte integrante do sistema de direito privado. Apenas formalmente reside na esfera constitucional como resultado de construção ideológica, elevada ao patamar constitucional, ao contrário dos direitos eleitos nos arts. 7º, 8º e 9º da Constituição Federal do Brasil. Tampouco o princípio da livre iniciativa está isento de questionamento quanto à sua relevância no âmbito constitucional: "La libertad de empresa no forma parte de la estructura de la personalidad humana, y difícilmente puede considerar un derecho consubstancial a la dignidad de la persona humana". (ASENJO, Juan. *Económica pública* versus *iniciativa económica privada en la Constituición económica española*. Iniciativa privada en la Constituición Española de 1978, Ob. cit., p. 152-153 apud FERNÁNDEZ, Maria Dolores Santos.

(78) Essa construção gera o risco não só da prevalência de princípios ou regras de menor importância, como também de anomia jurídica, conforme alerta Marthius Sávio Cavalcante Lobato: "A concepção de que os Direitos Sociais do trabalho são direitos à espera de atuação positiva do legislador para, a partir do controle político estatal, balancear com outros valores constitucionais a sua efetivação acaba por gerar e agravar, a anomia dos direitos". ("O Exercício do Direito de Greve no Estado Democrático de Direito: A reconstrução dos Direitos Sociais a partir da afirmação dos Direitos Fundamentais em uma comunidade de princípios". In: *O mundo do trabalho*. v. I, COUTINHO, Grijalbo Fernandes; MELO FILHO, Hugo Cavalcanti; SOUTO MAIOR, Jorge Luiz; FAVA, Marcos Neves. São Paulo: LTr, 2009. p. 361). Sobre o tema, Marthius Sávio Cavalcante Lobato na obra citada (p. 356) cita ainda o Ministro do

Trata-se, pois, de valorar princípios constitucionais e regras, observando que a propriedade[79], em sua característica de cumprimento de sua finalidade social, princípio que rege a ordem econômica brasileira (art. 170), não pode servir de escusa para evitar que o instrumento maior para valorização do trabalho humano, também princípio constitucional, possa ser exercido plenamente.

A função social da propriedade, a dignidade da pessoa humana, o valor social do trabalho, os princípios da progressividade e da não regressividade atinentes aos Direitos Humanos Fundamentais, impedem qualquer construção teórica, legislativa ou judicial que ponha em evidência o direito à propriedade, ainda que disfarçado sob outras facetas, tais como: "livre iniciativa", "liberdade de indústria e comércio" e "livre locomoção", "liberdade de contratação" e "liberdade de trabalho". Expressões que ganham conteúdo retórico e ideológico quando servem para inviabilizar ou esvaziar a greve ou seus modos de atuação (piquetes, ocupação transitória do estabelecimento etc.) ou, pior, destinam-se à convocação, contratação de novos empregados ou de trabalhadores temporários ou transporte compulsório dos obreiros para o serviço com o objetivo de "furar" o movimento paredista.[80]

Aliás, para vozes expressivas, como a do professor Oscar Ermida Uriarte, a greve nem de longe afetaria o direito de propriedade, mesmo quando realizada mediante a modalidade do *lock-in*, também conhecida como greve de **OCUPAÇÃO**.[81]

Supremo Tribunal Federal do Brasil, Carlos Ayres Brito, ao abordar essa "colisão de Direitos Fundamentais" sentencia que o direito de greve "recebeu um tratamento separado na Constituição. A Constituição quer proteger por um modo especial determinado bem jurídico, faz dando-lhe um tratamento em apartado".
(79) PAJONI, Guillermo. Ob. cit., p. 546.
(80) "Donde en realidad no se cuestiona el Derecho de propiedad sino su concreta utilización en una determinada coyuntura. No se puede sin violentar los principios jurídicos y sociales, colocar en el mismo lugar que los Derechos Humanos, donde está en juego la vida de las personas. Sobre el particular, Davi Duarte en "La Causa Laboral" (Revista 30, p. 3 y ss.), resalta que "atender a las necesidades esenciales para una vida decente" (Alimentí Jorgelina "Las garantías constitucionales de retribución justa y salario mínimo vital e móvil", Revista RL y ss., 1995, n. 2, p.165) es el fundamento que sirvió de base a los constituyentes para la redacción del tramo que reconoció el salario mínimo vital y móvil. Frente al reclamo de "libertad de contratar "que exigía el sector empresario para oponerse a que se obligue a pagar un piso mínimo en ese mercado que lo llamando del trabajo, la Corte respondió que cuando entre en conflicto aquella libertad con la libertad contra la opresión del empleado u obrero, esta última debe permanecer sobre aquélla porque así lo requieren los principios que fundan un ordenamiento social justo" (CSJN,"Práctico Carmelo y otros con Basso y Cía", publicado en DT 1960, p. 355) " La respuesta es contundente y esclarece sobre la prevalencia a normas cuando de Derechos Humanos y Sociales se refiere y cuando la desigualdad social genera el conflicto". (PAJONI, Guillermo. Ob. cit., p. 564-565).
(81) CORRALES, Nanci. Direito Sindical no Uruguai. In: MELO FILHO, Hugo Cavalcante; AZEVEDO NETO, Platon Teixeira de (coords.). *Temas de direito coletivo do trabalho*. São Paulo: LTr, p. 224.

Cabe aqui destacar que os Direitos Humanos nasceram em um contexto em que a cultura dominante não era própria, nem propícia, à realização desses direitos. Com efeito, gestados em um mundo institucionalizado sob a forma dos direitos subjetivos, instalar a consciência da necessidade dos Direitos Humanos sob o signo da universalidade e da sua plena eficácia, converte-se em tarefa hercúlea, quando não frustrante, por conta de preconceitos fortemente arraigados na sociedade e nos agentes e órgãos do Estado.[82]

Nos **direitos subjetivos** encontramos, como substrato material, o **INTERESSE**. Nos Direitos Humanos, temos como substrato material, a **NECESSIDADE**. Os direitos subjetivos estão construídos e regulados para aquele que se encontra em sua titularidade, pressupondo a reposição ou reparação desse direito subjetivo lesado. Os Direitos Humanos reclamam, em primeiro lugar, o acesso ao Direito. Essa é a palavra-chave para os Direitos Humanos: **ACESSO**.

Daí que todos os meios que viabilizem o **ACESSO** à satisfação das **NECESSIDADES** básicas do ser humano devem ser prestigiados.[83] É o caso da greve, como demonstramos, direito humano "fundamental" ao **ACESSO** de outros Direitos Humanos, como os Direitos Sociais, atendendo, assim, às **NECESSIDADES** daquele que vende sua força de trabalho em benefício de outrem.

Disso resulta que os Direitos Humanos Fundamentais, como o de greve, devem ser retirados da prisão da mera retórica para alcançar o nível que merecem. De modo que operadores do direito, legisladores e órgãos do Estado estarão em condições de amparar plenamente a greve frente aos obstáculos que lhe são contrapostos. Destarte, os Direitos Humanos, inclusive os sociais, serão levados a sério, "saindo do armário", para ganhar real suporte e expressão de acordo com os princípios *pro homine* e *in dubio pro justitia sociales*, diretamente relacionados às concepções da progressividade e não regressividade, que também norteiam sua elaboração e aplicação.[84]

---

(82) Aspecto bem lembrado por Noêmia Aparecida Garcia Porto (ob. cit., p. 86)
(83) BARCET, Eduardo (*apud* PAJONI, ob. cit., p. 565).
(84) "La decisiva doctrina que asentó esta Corte (Corte Suprema de Justicia de la Nación) em el caso Berçaitz: "Tiene categoria constitucional el seguiente principio de hermenéutica juridica: *in dubio pro justitia socialis.*Las leyes, pues, deben ser interpretadas a favor de quienes al serles aplicadas con este sentido consiguen o tienden a alcanzar el *bienestar*, esto es, las condiciones de vida mediante las cuales es posible a la persona humana desarrolarse conforme a sua excelsa dignidad". (FALLOS: 289: 430, 436. Asimismo: FALLOS: 293: 26, 27)... el decidido impulso hacia la *progressividade* en la efectividad de los derechos humanos que reconocem aludidos y muy especialmente del pacto (cit., 2.1; Aquino, cit. p. 3774/3777, y Milone, cit. p. 4619), sumado al principio *pro homine*, connatural com estos documentos, determinan que el intérprete deba escoger dentro de lo que la norma posibilita, el resultado que proteja en mayor medida a la persona humana... ya el citado precedente tuvo oportunidad de censurar toda exégesis restritiva de los derechos sociales, que contrariaba la jurisprudencia de la Corte, concordante com la doctrina universal: el principio de favorabilidad (cit. p. 437; asimismo: Fallos: 239: 26, 27, considerando 4º), PAJONI, ob. cit., p. 567-568).

Lembremos mais uma vez Ermida Uriarte[85], que adverte sobre o imperativo moral e jurídico de uma cultura democrática das relações laborais, individuais e coletivas, pautada pela observância dos Direitos Fundamentais da pessoa humana, cabendo aos empregadores e suas organizações reconhecerem o trabalhador como cidadão pleno, sem alternativa que o minucioso respeito de todo arsenal protetivo construído em seu favor, cabendo ao Estado o dever de proporcionar e garantir a eficácia de todos esses direitos.

Por conseguinte, é preciso evitar a penalização ou criminalização da greve como ocorre quando são pedidas (e deferidas) liminares, declarações de abusividade de greve, interditos possessórios, multas e indenizações vultuosas contra as entidades obreiras e denúncias penais contra dirigentes sindicais, aspectos que analisaremos mais à frente. Sempre é bom ressaltar que **a greve não é um delito!** É um Direito Fundamental assegurado por Tratados e Convenções Internacionais e, no caso do Brasil, pela Constituição Federal que, no seu art. 9º, diz que cabe aos trabalhadores a análise da conveniência e oportunidade de sua deflagração. Assim, **NÃO PODE SER CERCEADA PELA LEI TAMPOUCO PELO JUDICIÁRIO!**

Em acórdão que tivemos a oportunidade de relatar, o Egrégio Tribunal Regional do Trabalho do Espírito Santo, Brasil, destacou o conteúdo e a natureza do Direito em análise:

> *"GREVE — DIREITO HUMANO FUNDAMENTAL. A dignidade é uma qualidade integrante e irrenunciável da própria condição humana. Todo princípio, regra ou instituto que a garanta não pode ser desprezado ou suprimido. Desse princípio maior, emerge um complexo de direitos e liberdades fundamentais que devem ser respeitados pelo Estado e pelos particulares. A greve como Direito Fundamental ou liberdade constitucional, diretamente vinculada aos Direitos da Pessoa Humana é regida pelos princípios da progressividade e da irreversibilidade. A greve dá concretude ao princípio do valor social do trabalho e a outros consagrados na Constituição, como o do meio ambiente sadio e equilibrado, remuneração justa, isonomia de tratamento, direito à saúde e ao lazer, jornadas de trabalho razoáveis etc., umbilicalmente relacionados ao superprincípio da Dignidade da Pessoa Humana. (PROCESSO N. 0018000-35.2012.5.17.0000 ACÓRDÃO — TRT 17ª REGIÃO —, DISSÍDIO COLETIVO DE GREVE)*

---

(85) Citado pela Ministra do Tribunal Uruguaio de Apelações, Dra. Nanci Corrales, ob. cit., p. 226.

5

A TITULARIDADE DO DIREITO DE GREVE

5.1. APRESENTAÇÃO DO PROBLEMA

Questão que deve ser enfrentada no tocante à efetividade do Direito de Greve diz respeito ao sujeito legitimado para o seu exercício.

No Brasil geralmente apresenta-se a greve como um direito coletivo, cujo exercício seria atribuído à entidade sindical[86]. Tal assertiva, porém, contraria expressamente a Constituição em vigor que, no seu art. 9º, *caput*, dispõe com clareza que cabe aos trabalhadores — e não aos sindicatos — a decisão sobre os interesses a defender e a oportunidade da realização da greve.

> *"Art. 9º É assegurado o direito de greve, COMPETINDO AOS TRABALHADORES decidir sobre a oportunidade de exercê-lo e sobre os interesses que devam por meio dele defender".*

Há na construção doutrinária brasileira sobre o tema uma supervalorização da Lei de Greve (Lei n. 7.783/89) que, em seu art. 4º, dispõe que cabe ao sindicato iniciar os preparativos do movimento. Daí extrai-se a conclusão de que a titularidade da greve estaria adstrita às entidades sindicais. Contudo, essa leitura contraria o preceito constitucional citado acima, valorizando uma interpretação restritiva que, além da literalidade da norma constitucional, esquece do sistema e dos princípios oriundos de Tratados e Convenções Internacionais sobre o tema.

Os Direitos Sociais dos trabalhadores não são meras promessas, mas mecanismos de realização de direitos. Não se admite, na moderna teoria do direito constitucional, sejam podados na sua aplicação por interpretações restritivas. Em outras palavras, os Direitos Sociais enquanto Direitos Fundamentais necessitam de uma interpretação que busque sua máxima efetividade sob pena de reduzirmos os princípios constitucionais a meros textos.

---

(86) BARROS, Alice Monteiro de. *Curso de direito do trabalho*. São Paulo: LTr, 2005. p. 1.227, DELGADO, Mauricio Godinho. Ob. cit., p. 1.315 e SÜSSEKIND, Arnaldo. *Direito constitucional do trabalho*. 1. ed. Rio de Janeiro: Renovar, 1999. p. 437. Em sentido contrário: FERNANDEZ, Leandro. O direito de greve como restrição à liberdade de empresa, p. 82-3 e 91, *Revista Síntese* (Trabalhista e Previdenciária), n. 280 — outubro/2012, IOB, São Paulo.

Portanto, não cabe a inversão normativa adotada pela doutrina brasileira, infelizmente comum a um grande número de operadores e estudiosos do Direito do Trabalho: **ler a Constituição à luz da lei**[87].

Destarte, não é dado ao legislador, tampouco ao aplicador da lei e aos juristas, limitar o alcance de princípios e regras constitucionais conforme o disposto nas normas ordinárias, que deveriam tratar dos Direito Fundamentais, sobretudo os de cunho social, sob a ótica da sua efetividade, pautada nos cânones da progressividade e da não regressividade social, da dignidade da pessoa humana e da valorização social do trabalho.

A natureza coletiva da greve e o disposto no art. 8º, III, da Constituição Federal brasileira, que atribui a representação coletiva aos entes sindicais, não exclui a possibilidade de os obreiros exercerem esse Direito Fundamental em conjunto ou até contra a vontade dos sindicatos, sem falar, evidentemente, da hipótese em que não haja entidade sindical organizada.

Inúmeros fundamentos autorizam nosso raciocínio: a existência de Tratados e Convenções Internacionais sobre o tema, o direito comparado, a jurisprudência da OIT, razões de ordem sociológica, princípios de direito coletivo, além do já mencionado art. 9º da Constituição Brasileira.

Por outro lado, também não impressiona o argumento de que a negociação coletiva exige a participação obrigatória do sindicato (art. 8º,VI, da CF)[88]. A negociação coletiva pode até ser considerada pressuposto ou condição da ação de dissídio coletivo. A greve, por sua vez, não raro antecede ou ocorre simultaneamente às tratativas entre empregado e empregador, inclusive para forçar à entabulação de acordos e convenções coletivas ou, simplesmente, para o cumprimento do que já pactuado. Sem falar nas greves que têm como escopo o cumprimento de normas e regras previstas em Tratados e Convenções Internacionais, dispositivos da Constituição e da lei, políticas sociais e regulamento interno da empresa.

Mesmo correndo risco de sermos repetitivos, salientamos que o problema aqui posto tem como razão maior a subversão praticada por aqueles que invertem

---

(87) Advertência feita por VIANA, Márcio Túlio. In: *Direito de resistência* — possibilidade de autodefesa do empregado em face do empregador. São Paulo: LTr, 1996. p. 302. PAIXÃO, Cristiano; LOURENÇO FILHO, Ricardo. In: A greve e sua conformação pelo TST: desvelando mentalidades. In: COUTINHO, Grijalbo F.; MELO FILHO, Hugo; SOUTO MAIOR, Jorge Luiz; FAVA, Marcos Neves (coords.). *O mundo do trabalho*. São Paulo: LTr, 2009. p. 73 e 75. PORTO, Noemia Aparecida Garcia. Ob. cit., p. 80.

(88) No direito argentino essa questão também é tratada como demonstra Guillermo F. Pérez Crespo que refuta de forma veemente a legitimidade exclusiva do sindicato para decretar a greve. Entre outras razões, aduz a possibilidade de ocorrerem interesses divergentes entre trabalhadores e sindicatos, notadamente nos casos de sindicatos "amarelos", "pelegos" ou outras hipóteses em que a entidade ou seus dirigentes estejam mancomunados com o empregador ou a categoria econômica. (El sujeto en el derecho de huelga. In: *Derecho del trabajo y derechos humanos*. Montevideo-Bueno Aires: Editorial IBdF, 2008. p. 592-593.

a equação, lançando mão, por diversos motivos (inclusive ideológicos), a normatividade infraconstitucional antes e acima da Constituição, banalizando e esvaziando um Direito Fundamental que é protegido de modo especial pela Constituição ao emprestar-lhe tratamento em apartado.

De resto, como já exposto anteriormente, há ainda um abandono de regras e princípios de direito internacional, constitucional e comparado, além de dados sociológicos e históricos cuja análise faremos a seguir.

5.2. DEFINIÇÃO DO SUJEITO DO DIREITO DE GREVE

5.2.1. Tratados Internacionais, Resoluções e Decisões de Direito Internacional

A Carta Internacional Americana de Garantias Sociais incorporada à Declaração Americana dos Direitos e Deveres do Homem (Bogotá, 1948), em seu art. 27, estabelece que aos **trabalhadores** é assegurado o direito de greve.

Por sua parte, o art. 44 da Carta da Organização dos Estados Americanos trata do direito de greve como atinente aos trabalhadores, INDEPENDENTE DA LIBERDADE DE ASSOCIAÇÃO SINDICAL: Art. 44, *caput*: "*Los Estados miembros, convencidos de que el hombre solo puede alcanzar la plena realización de sus aspiraciones dentro de un orden social justo, acompañado de desarrollo económico y verdadera paz, conviene en aplicación de los siguientes principios y mecanismos:... c) "Los empleados y trabajadores tanto rurales, como urbanos, tienen en el derecho de asociarse libremente para la defensa y promoción colectiva y **el de huelga por parte de los trabajadores**, el reconocimiento de la personería jurídica de las asociaciones y la protección de su libertad e independencia, todo de conformidad con la legislación respectiva*".

Registre-se que o pacto de São José da Costa Rica adota a técnica do reenvio à Carta da Organização dos Estados Americanos que, conforme preceito transcrito acima, considera os **trabalhadores** como titulares do Direito de Greve.

Já o Pacto Internacional de Direitos Econômicos, Sociais e Culturais (Nova York, 1966) reza que os Estados-partes garantem o direito de greve. Embora não especifique sua titularidade, cuida da greve em parágrafo distinto daquele que regula os direitos sindicais.

No campo dos tratados internacionais dos Direitos Humanos Fundamentais encontramos ainda a Declaração Sociolaboral do Mercosul (Rio de Janeiro, 10-12/1998) que, em seu art. 11, reconhece tanto aos trabalhadores como às organizações sindicais o exercício do direito de greve: " **todos os trabalhadores** e suas organizações sindicais têm garantidos o exercício do direito de greve, ...".

Nos pronunciamentos dos órgãos internacionais de controle dos direitos coletivos e de liberdade sindical (OIT, Conselho da Europa etc.) a greve é tida como direito individual que se exerce ou se expressa de maneira coletiva pelos trabalhadores ou pelos entes sindicais.

As ementas 363 e 364 do Comitê de Liberdade Sindical da OIT bem demonstram esse aspecto:

> *"363 — O direito de greve dos TRABALHADORES e suas organizações constitui um dos meios essenciais de que dispõem para promover e defender seus interesses profissionais".*
>
> *"364 — O Comitê sempre estimou que o direito de greve é um dos Direitos Fundamentais dos Trabalhadores e de suas organizações, ...".*

Note-se que, bem antes disso, no ano de 1957, a OIT expediu a resolução sobre abolição da legislação antissindical, instando os Estados-membros a não restringirem o direito dos trabalhadores à greve[89], sendo que a Comissão de Expertos na Aplicação de Convênios e Recomendações (CEACR, desde 1959) reconheceu o direito de greve como direito dos **trabalhadores** e de suas organizações[90].

5.2.2. Direito Comparado

A compreensão da greve como um direito de titularidade individual, que se exercita coletivamente, responde a um modelo latino-europeu, consolidado em países como França, Itália e Espanha, com reflexos na legislação, jurisprudência e doutrina de países como México, Argentina, Paraguai, Peru e Argentina.

5.2.2.1. Comunidade Europeia

O art. 28 da Carta dos Direitos Fundamentais da UNIÃO EUROPEIA de 18.12.2000 (2000/C364/01) aborda a titularidade das ações coletivas, inclusive a greve, concedendo-a aos **trabalhadores** ou às suas respectivas organizações.

5.2.2.2. Espanha

O art. 28.2 da Constituição Espanhola reconhece a greve como um direito individual exercido coletivamente. Um direito individual de necessária expressão coletiva[91].

---

(89) CRESPO, Guillermo F. Pérez. El sujeto en el derecho de huelga. In: *Derecho del trabajo y derechos humanos*. Montevideo-Bueno Aires: Editorial IBdF, 2008. p. 486.
(90) CRESPO, Guillermo F. Pérez. *Idem*.
(91) PÉREZ, José Luis Monero. El modelo normativo de huelga en la jurisprudencia del Tribunal Constitucional. In: PERERIO, Jaime Cabeza; GIRÓN, Jesús Marínez (coords.). *El conflicto colectivo y la huelga, estudios en homenaje al profesor Gonzalo Diéguez*. 1. ed. Murcia: Ediciones Laborium, 2008. p. 266 e 267, registra que a greve é direito subjetivo fundamental de libertadade dos **trabalhadores** ou direito humano fundamental de caráter social cuja titularidade corresponde aos obreiros.

O Tribunal Constitucional Espanhol definiu o direito de greve como um direito **uti singuli**, cabendo aos TRABALHADORES a defesa de seus interesses, consistindo a greve em um direito subjetivo de caráter fundamental (f.j. 9º e 11º, ST Co 11/1981 de 8 de abril).

Destarte, a greve não é um monopólio sindical. Outras agregações de interesses ou instâncias coletivas poderão iniciar a greve[92], pois como fez constar o Tribunal Constitucional Espanhol: *"son perfectamente posibles las huelgas organizadas, dirigidas y controladas por los sindicatos de trabajadores, pero también llamadas **huelgas espontaneas** o huelgas sin control sindical"* (f.j. 11º).

A circunstância de que um grupo informal de trabalhadores esteja autorizado a exercer diretamente o direito de greve (f. j. 15º STCo 11/1981, 8 de abril), evidencia para parte expressiva da doutrina espanhola a natureza complexa do direito, cuja titularidade seria compartilhada com a entidade sindical, sem que esta gozasse do monopólio da convocação e da proclamação do movimento[93].

Dessa orientação emerge aquela que veda a renúncia do direito de greve dos trabalhadores pelo sindicato[94]. Por se tratar de direito dos trabalhadores, incabível é o ato de disposição do seu conteúdo ou exercício por parte das entidades sindicais[95].

Disso resulta que os pactos coletivos ou normas que tratam da limitação ao direito de greve, bem como sobre o descumprimento de requisitos legais para sua convocação ou exercício, por parte das agremiações sindicais, não traduzem descumprimento contratual ou ato ilícito do trabalhador individualmente considerado[96].

Também tem especial relevância a questão no que concerne à discutível fixação de indenizações e punições pelo Magistrado em demandas relativas ao movimento grevista. Antes de apressadamente sancionar a entidade obreira, nessas controvertidas ações judiciais, o julgador deverá apurar *in casu* a responsabilidade de quem efetivamente realizou os atos reputados como ilícitos.

---

(92) BAYLOS. Ob. cit., p. 403.
(93) PÉREZ, José Luis Monero. Ob. cit., p. 268/9 e BAYLOS GRAU. Ob. cit., p. 403, entre outros.
(94) No Brasil, a renúncia ao direito de greve, seja pelo sindicato, seja pelos trabalhadores, esbarra na irrenunciabilidade assegurada aos direitos laborais, individuais e coletivos, que digam respeito aos Direitos Sociais Fundamentais ou decorram de normas imperativas ou de ordem pública. Sobre o tema: CASTELO, Jorge Pinheiro. *Direito material e processual do trabalho e a pós-modernidade*. São Paulo: LTr, 2003. p. 242-4.
(95) BAYLOS, p. 409-10 e PERÉZ, p. 269.
(96) BAYLOS, p. 411.

5.2.2.3. França

A greve é tida como direito/liberdade de titularidade individual, exercido coletivamente.[97][98] A base constitucional desse Direito Fundamental impede que negociações coletivas estabeleçam restrições oponíveis aos assalariados. De modo que regras fixadas sobre pré-aviso, negociação prévia e procedimentos de conciliação **não** são oponíveis aos trabalhadores, *únicos titulares do direito de greve*[99]. A limitação ou regulamentação da greve não gera efeitos em relação ao exercício do direito de greve pelos obreiros, pouco importando o aval do sindicato a tais restrições[100].

5.2.2.4. Outros Países

No modelo italiano, a doutrina amplamente majoritária acorda que há um direito individual cujo exercício é coletivo, não estando limitado à vontade das organizações sindicais. Na Bélgica, o direito atine aos trabalhadores, não contando os sindicatos com personalidade jurídica. Já a Lei Federal do México prevê o exercício da greve por um coletivo majoritário de trabalhadores, enquanto Paraguai e Peru reconhecem constitucionalmente a greve como direito dos trabalhadores[101]. A Inglaterra, por sua vez, utiliza um sistema peculiar em que a convocação é feita pelos sindicatos, mas depende de aprovação prévia dos trabalhadores filiados e não filiados, em cada lugar de trabalho e por referendo[102].

5.2.2.5. Argentina

Na Argentina, a questão é controvertida, sendo objeto de inúmeros estudos e pronunciamentos doutrinários e jurisprudenciais[103][104]. Expressiva maioria, contudo, pende para a tese da legitimidade dos trabalhadores.

É que neste país a Constituição Nacional expressa no seu art. 14 que "*(...)queda garantizado a los grêmios: concertar convenio colectivos de trabajo; recurrir a la conciliación y al arbitraje; el derecho de huelga...*".

---

(97) PÉLLISSIER Jean; SUPIOT, Alain; JEAMMAUD, Antoine. *Droit du travail*. 24. ed. Paris: Dalloz, 2008. p. 1412-3.
(98) GAUDU, François. *Les droits sociaux in libertés e droits fondamentaux*. 15. ed. Paris: Dalloz, 2009. p. 765-6.
(99) PÉLLISSIER Jean; SUPIOT, Alain; JEAMMAUD, Antoine. Ob. cit., p. 1412-3.
(100) GAUDU, François. Ob. cit., p. 766.
(101) CRESPO, Guillermo F. Pérez. Ob. cit., p. 481-3.
(102) CRESPO, Guillermo F. Pérez. Ob. cit., p. 482.
(103) CRESPO, Guillermo F. Pérez. Ob. cit., p. 479-500.
(104) CORONEL Raquel. El sujeito de la huelga. In: RAMÍREZ, Luis Enrique. *Derecho del trabajo y derechos humanos*. Montevideo-Buenos Aires: Ed. IB de F, 2008. p. 461-477.

Pérez Crespo recorda que na visão dos redatores da norma constitucional a greve poderia ser exercida pelos trabalhadores livremente, não havendo necessidade de intervenção do sindicato. Cita o constituinte BRAVO, membro da maioria, que afirmou: "... *No és un derecho del sindicato ni de la asociación profesional... Cuando tomamos la palabra* **gremio** *referida a huelga, los hicimos refiriéndola a una situación de hacho hacia dos trabajadores, a los que correspondía ir a la huelga, estuvieran o no afiliados; és un derecho de pluralidad de trabajadores y así lo he explicado en mí posición y así incluido en este sentido...".*[105]

A estas palavras, agrega o autor a de outro constituinte, Jaureguiberry: "... *No decimos derechos del sindicato, porque la sindicalización es libre y podría presumirse que para declarar la huelga habría obligación de sindicarse*"[106].

Pontua Crespo que, para além do significado da palavra **grêmio** como **conjunto de pessoas** que tem um mesmo ofício, profissão ou estado social, a diferença da palavra sindicato, que indica o grêmio juridicamente organizado como associação, as intervenções dos membros da Comissão Redatora da Constituição, e em especial dos membros informantes, não deixam lugar a dúvida alguma sobre a intenção do Constituinte de reconhecer a greve ao coletivo dos trabalhadores, não necessariamente organizado em uma pessoa jurídica determinada (Sindicato).

Transcreve o referido autor decisão da CNTrab., Sala VI, "Chanca c/ Proveenduría del Personal del Banco de la pcia. De Bs. A s.", abril de 1994.

> "*La Constitución Nacional establece el derecho de huelga en los trabajadores como tales y no las asociaciones sindicales... en la historia jurídica laboral no existe norma alguna que haya atribuido el ejercicio de ese derecho solamente a los sindicatos...*" [107]

Oferece outro julgado que ultrapassa o plano meramente interno, louvando-se na técnica do reenvio dos diplomas de direito internacional e da constitucionalização dos tratados internacionais para concluir que "*os trabalhadores são realmente os titulares do direito de greve*"[108].

---

(105) Diário de Sesiones da Convenção Constituinte, *apud* CRESPO, p. 488.
(106) CRESPO, *idem*.
(107) CRESPO. Ob. cit., p. 489.
(108) "... en "Ferreyra, Rubén c/ Proveenduria para el personal del Banco de la Provincia de Buenos Aires", *donde se reconoce el ejercicio del derecho de huelga por los trabajadores, señalando que a partir de la reforma constitucional del año 1994, al constitucionalizar a través del art. 75, inc. 22, la Convención Americana de Derechos Humanos (Pacto de San José de Costa Rica), el debate sobre la titularidad del derecho de huelga (en lo sindicatos, en los sindicatos con personería gremial, o en los trabajadores) ha culminado. En la línea de pensamiento se destaca que el reenvio del art. 26 del Pacto a la Carta de la OEA y lo dispuesto en su art. 44, considerando a los trabajadores como titulares del derecho de huelga, debiera terminar toda discusión al respecto*". CRESPO. Ob. cit., p. 497.

Assegura o jurista argentino que não existe nenhum impedimento, portanto, para que coalisões de trabalhadores organizem uma greve. Isso não significaria uma defesa de um conceito inorgânico de ação sindical, mas apenas a constatação de que o direito de greve não pode ser tido como antijurídico ou excluído da proteção constitucional dos Direitos Fundamentais apenas porque não exercido dentro do monopólio sindical. A organicidade deve ser construída internamente pelos trabalhadores e não imposta por uma visão que, no fundo, busca controlar ou restringir o exercício da greve[109].

Conclui que impossível é olvidar a baixa taxa de sindicalização e organização sindical na Argentina.[110] Quadro agravado nas entidades burocratizadas, absolutamente desprestigiadas e alheias à realidade e às necessidades das bases:

> " A ése posicionamiento, manifiestamente ajeno a la realidad laboral, cabe responder que no sólo porque se desprende de la cláusula constitucional y de los principios y normas internacionales que lo ubican como derecho fundamental, sino también por historia y esencia, en el derecho de huelga la titularidad reside en el trabajador como sujeto colectivo, y se expresa a través de los sindicatos con y sin personería gremial, o de las coaliciones espontáneas generadas al calor mismo del conflicto.
>
> El derecho colectivo tiene particularidades propias, y no es entendible por fuera del conflicto social que lo nutre y construye diariamente.
>
> En ese contexto, ubicar la titularidad del ejercicio del derecho de huelga por fuera de los propios trabajadores como sujeto colectivo, desplazándola hacia personas jurídicas que pueden o no ser representativas de los intereses de éstos según el momento y los casos particulares, significa, ni más ni menos, que negar la huelga como derecho fundamental y, por lo menos en nuestro ordenamiento positivo no tiene real sustento en la norma".[111]

A Professora da Universidade de Buenos Aires, Raquel Coronel, outrossim, destaca que o direito argentino não centraliza na figura do sindicato a titularidade da greve. Quando se intenta adjudicar de forma exclusiva aos sindicatos o poder que a greve traz, adverte a jurista portenha, o que na realidade se faz é cercear o direito, mediante controle do seu exercício por parte de uma instituição, rompendo com a materialidade da liberdade individual, coletivamente exercida.[112]

---

(109) CRESPO. Ob. cit., p. 496.
(110) Segundo o Ministério do Trabalho da Argentina, apenas 37,2% dos trabalhadores encontram-se filiados a sindicatos. E apenas 7,5% contam com Delegados Sindicais nas empresas com 10 a 49 empregados e nas de 50 a 200, apenas 27,7% possuem Delegados Sindicais (*apud*, CRESPO. Ob. cit., p. 499-500)
(111) CRESPO. Ob. cit., p. 500.
(112) CORONEL Raquel. El sujeito de la huelga. In: RAMÍREZ, Luis Enrique (coord.). *Derecho del trabajo y derechos humanos*. Montevideo-Buenos Aires: Ed. IbdF, 2008. p. 465-6.

Recorda que as grandes greves, que permitiram a melhora das condições de trabalho, foram levadas adiante e cumpriram seu fim sem considerar quem as encabeçava. Daí porque conclui que o direito de greve é um direito atribuído aos trabalhadores *uti singuli,* apesar de ser exercido coletivamente por acordo entre eles, ainda que parcial, limitado a alguns indivíduos, setores ou grupos[113].

Na mesma tecla bate Cornaglia, recordando que a tese da titularidade única e exclusiva do sindicato trai uma manifestação tardia da ideologia corporativista, esgrimida pelo direito italiano sob o fascismo. Essa construção ideológica retrógrada busca reservar às instituições que podem ser controladas pelo Estado a atuação do coletivo obreiro, abrindo as portas à intervenção no movimento paredista, através da declaração de ilegalidade, quando levado a efeito por pessoas não "legitimadas", os próprios trabalhadores...[114]

Guillermo Pajoni assinala que a pretensão de fixar requisitos formais ao direito de greve, em realidade esconde uma postura contrária à sua efetivação. Destaca que os sindicatos nem sempre atuam em favor dos trabalhadores. Basta lembrar ações e métodos autoritários de gestão, castas sindicais coaptadas pelo poder constituído, sindicatos amarelos e pelegos.

Fator também importante no alargamento da titularidade do exercício de greve, reside na ampliação da resposta possível em caso de deslocamentos de empresas, precarização em geral do trabalho, desemprego permanente e reengenharia do trabalho.[115]

No Brasil, prova dessa atuação insuficiente, questionável, para não dizer ilícita, é a pactuação de convenções e acordos coletivos *in pejus* por entidades sindicais, desconstruindo na prática normas e regras constitucionais e ordinárias que tratam dos mais diversos direitos e deveres (intervalos inter e intrajornadas, repousos, duração do trabalho, adicionais legais, verbas rescisórias etc.).

Além de alguns dados já aludidos na alínea anterior, lembra Cornaglia que a defesa da titularidade única dos sindicatos, sobretudo daqueles com personalidade jurídica e sindical reconhecida pelo Estado, consiste em manifestação de uma posição claramente corporativa, sustentada no direito italiano fascista, repudiada logo após a 2ª guerra mundial, que procurava preservar o direito das entidades ligadas (ou dóceis) ao governo, e, por intermédio dele e de seus aparelhos estatais, controlar todas as lutas operárias, limitando ou inviabilizando as greves, mediante o simples expediente de declará-las ilegais, porque conduzidas por "titulares não reconhecidos".[116]

---

(113) CORONEL, *idem.*
(114) CORNAGLIA, Ricardo J. *Derecho colectivo del trabajo.* Derecho de huelga. La lei, *apud,* Raquel Coronel, p. 464-5.
(115) PAJONI. Ob. cit., p. 471-2.
(116) PAJONI. Ob. cit., p. 465.

6

GREVE. INCOMPATIBILIDADE E IRRITAÇÕES COM A SUA NATUREZA DE DIREITO HUMANO E FUNDAMENTAL

6.1. APRESENTAÇÃO DO PROBLEMA

A primeira limitação que encontramos ao pleno exercício da greve, negação da titularidade aos trabalhadores, já analisamos no capítulo anterior. Entretanto, há ainda inúmeros obstáculos, instrumentos e construções jurídicas e ideológicas contra esse Direito Humano Fundamental.

Com efeito, há uma visão que vislumbra na greve uma ameaça ou uma manifestação antissocial. Para restringi-la criam inúmeras dificuldades. Assim, legisladores propõem estatutos e regras que não raro ofendem Tratados e Convenções Internacionais, jurisprudência da OIT e Constituições. Não bastasse, autoridades aplicam a legislação já restritiva e constroem outros obstáculos contrários ao exercício desse Direito Fundamental.

Nesse contexto podemos citar a concessão de cautelares, tutelas antecipadas e interditos possessórios, multas e indenizações astronômicas; restrições e proibições a assembleias, reuniões, atos públicos, piquetes, faixas, cartazes, convocações e panfletagem na porta dos estabelecimentos empresariais.

Também nesse quadro e voltando ao campo legislativo, podemos citar no Brasil a atual Lei de Greve (n. 7.783/1989), que procura limitar indevidamente o Direito Fundamental consagrado no art. 9º da Constituição Federal. A restritiva Lei de Greve brasileira veio à tona por meio de medida provisória expedida por José Sarney, personagem da vida política brasileira alçado à Presidência da República por um sistema (à época) não democrático, tributário da ditadura militar que se encerrava naquele momento. O referido político, quando ainda não havia limites ao manejo das medidas provisórias (excepcional forma de legislar), terminou por atender à corrente restritiva defendida por organizações patronais, meios de comunicação e setores conservadores da sociedade e pensamento jurídico.

À guisa de exemplificação, destacamos que esse preceito legal **assegura ao empregador**, entre outros direitos *"enquanto durar a greve, o direito de contratar* *diretamente a realização dos correspondentes serviços de manutenção"* (art. 9º, parágrafo único, da Lei n. 7.783/89). Levado às últimas consequências tal dispositivo, o resultado é a inviabilização da greve,[117] além de paradoxalmente violar o direito que a própria lei reconhece de proteção contra substituição por novos trabalhadores (art. 7º, parágrafo único).[118]

Outra restrição trazida pela Lei n. 7783/89 reside na "proteção" ao obreiro — em verdade, proteção ao empregador — que insiste em trabalhar... A lei brasileira dispõe que as *"manifestações e atos de persuasão utilizados pelos grevistas não poderão impedir o acesso ao trabalho..."* (Art. 6º, III). Porém, como adverte Godinho Delgado:

> *"lei tem de ser interpretada em harmonia com a Constituição: direitos e garantias em nenhuma hipótese poderão, efetivamente, ser violados ou constrangidos, **exceto o acesso ao trabalho**, desde que, aqui, a restrição se faça sem violência física ou moral às pessoas. É que a Carta Magna assegura, enfaticamente, como Direito Fundamental, a greve, ou movimento de sustação coletiva do trabalho. Neste caso, o ato individual de insistir no cumprimento isolado do contrato choca-se com o direito coletivo garantido. Inexistindo violência física e moral nos piquetes, estes são lícitos, por força do direito garantido na Constituição, podendo, desse modo, inviabilizar, fisicamente o acesso ao trabalho"*[119].

Preocupados com essa postura antigreve, analisaremos a seguir as características, espécies, objetivos e o alcance da greve; medidas judiciais restritivas e outras manifestações incompatíveis com a natureza da greve como Direito Humano Fundamental.

6.2. CARACTERIZAÇÃO, ESPÉCIES, OBJETIVOS E ALCANCE DA GREVE

O festejado Mauricio Godinho Delgado conceitua a greve, à luz da sua amplitude conferida pela Constituição Brasileira (art. 9º), como *"A paralisação coletiva provisória, parcial ou total, das atividades dos trabalhadores em face de seus empregadores ou tomadores de serviços, com a finalidade de exercer pressão, visando à defesa ou conquista de interesses coletivos, ou com objetivos sociais mais amplos"*.

---

(117) Não é por outro motivo que o Ministro do Tribunal Superior do Trabalho do Brasil e jurista de nomeada, Mauricio Godinho Delgado afirma que essa norma merece interpretação restritiva sob pena de impedir a realização do Direito Fundamental de Greve (ob. cit., p. 1305 e 1307).
(118) "Neste caso, a lei de greve introduziu exceção à contratação de substitutos pelo empregadorque tem de receber interpretação restritiva, sob pena de frustrar, grosseiramente, o direito fundamental assegurado pela Constituição". DELGADO, Mauricio Godinho. Ob. cit., p. 1307.
(119) DELGADO, Mauricio Godinho. Ob. cit., p. 1306.

Ronald Amorim e Souza amplia a noção de greve para definir como tal o *"movimento concertado de empregados (trabalhadores subordinados), com o objetivo anunciado de exercer pressão sobre a entidade patronal para alcançar benefício ou melhoria contratual, cumprimento de norma ou resistência injustificada em benefício da coletividade ou parte dela."*[120]

Já o ilustre professor e jurista de Minas Gerais Márcio Túlio Viana prefere destacar que *"A greve é ao mesmo tempo pressão para construir a norma e sanção para que ela se cumpra. Por isso, serve ao direito de três modos sucessivos: primeiro como fonte material; em seguida, se transformada em convenção, como fonte formal; por fim, como modo adicional de garantir que as normas efetivamente se cumpram"*[121].

A greve contemporânea apresenta alguns aspectos que não podem ser esquecidos: a atitude de não trabalhar ou delimitar o labor (operação-padrão, operação-tartaruga) e, em casos excepcionais, produzir acima dos limites como demonstram algumas experiências no Japão[122]. Em suma, visa criar embaraços, prejuízos ou transtornos.

Essa concepção mais ampla põe em discussão a ideia tradicional de que a greve consiste fundamentalmente na abstinência ao trabalho. Limitar a greve apenas aos casos de paralisação (parcial ou total) ou restringir seu potencial ofensivo de provocar danos aos interesses patronais importa descaracterizar sua essência.

A greve deve observar um conceito bem mais amplo e eficaz, observando sua natureza diversificada no campo da autotutela dos interesses laborais e da manifestação da liberdade coletiva. Gino Giugni, um dos principais autores do Estatuto do Trabalho da Itália, ensina que a greve é também um direito público de liberdade que pode *"exprimir-se numa variedade de comportamentos cujo único denominador comum é exercitar uma pressão em confronto com a contraparte (que, como veremos, não é exclusivamente o empregador, mas é geralmente o destinatário das reivindicações) para induzi-lo a fazer ou não fazer algo e para determinar, desta maneira, um equilíbrio diferente entre os fatores de produção"*.[123]

Em tempos de deslocamento de empresas, terceirização de mão de obra, descentralização produtiva, reengenharia de trabalho, sistema de produção, *"just in time"*, trabalho imaterial, consumo militante (verde e politicamente correto), e da construção advinda da "Era dos Direitos", soa desafinada, ultrapassada e

---

(120) SOUZA, Ronald Amorim e. *Greve e locaute*: aspectos jurídicos e econômicos. Coimbra: Almedina, 2004. p. 51.
(121) VIANA, Márcio Túlio. *Direitos humanos:* essência do direito do trabalho. 1. ed. São Paulo: LTr, 2007. p. 99.
(122) PAJONI, Guillermo. Ob. cit., p. 557.
(123) GIUGNI, Gino. *Diritto sindicale*. Bari: Cacucci Editore, 2002. p. 213 e 217.

reacionária a cantilena daqueles que negam a possibilidade de a greve contemporânea assumir os contornos de campanha de esclarecimento, boicote aos produtos do empregador ou de denúncias acerca das ilicitudes cometidas por empresários junto com a paralisação total ou parcial do trabalho, práticas de superprodução, paralisações por solidariedade para exigir ou impedir politicas salariais ou sindicais prejudiciais a setores, a categorias ou à universalidade que tem em sua labuta seu ganha-pão. O mesmo se diga da realização de piquetes e ocupação de estabelecimentos, além de interrupções intermitentes, obstáculos à circulação, produção ou prestação de serviços por meios heterodoxos.

Destarte, o discurso de que a greve se refere somente à abstenção, em regra acompanhada do abandono do local de trabalho, assinalando que todo movimento fora destes padrões seria ilícito ou abusivo, porque fora do conceito tradicional de greve, evidencia uma visão absolutamente superada deste Direito Fundamental.[124]

A greve há de ser entendida, pois, como a expressão genérica de todas as medidas de ação direta que podem exercer os trabalhadores em defesa de seus interesses. Caso contrário, o exercício de uma efetiva pressão contra a classe empresarial transformar-se-ia, em muitos casos, em mera utopia.[125]

Aos trabalhadores cabe, em cada situação, eleger a medida mais adequada para alcançar o objetivo perseguido. Por exemplo, em um determinado momento, pode resultar vantajoso para o empregador o abandono do trabalho, em hipótese que pretende pressionar autoridades ou a sociedade em geral, fomentando a greve para encobrir um *lockout*. Pode-se cogitar de uma greve que seria benéfica ao patrão que conta com um estoque alto ou de difícil colocação no mercado naquele período. Ante esse quadro, os obreiros não exerceriam uma pressão efetiva abandonando o trabalho, mas sim mediante outras práticas idôneas à realização de seus reclamos.[126]

Pajoni, citando seu compatriota Alejandro Segura, com muita felicidade, destaca que definir a greve como cessação da prestação de serviços e afastamento do local de trabalho importa em estratificar um conceito que se desenvolve no compasso das constantes mutações do Direito do Trabalho e a estrutura e o modo pelo qual o trabalho é prestado[127].

Em seguida, faz um rápido bosquejo na doutrina, começando por Montuschi, para quem a greve pressupõe uma vontade de infringir um dano legitimado pelo ordenamento jurídico internacional e pela Constituição, não se

---

(124) PAJONI. Ob. cit., p. 558.
(125) PAJONI, *idem*.
(126) PAJONI, *idem*.
(127) PAJONI, *idem*.

podendo reprovar quem faça o uso desse meio, não haver procurado com sua ação, que é de luta, a forma mais eficaz possível.[128]

Segundo o autor, a legitimidade do agir para provocar prejuízo ao empregador em um contexto de reinvindicação coletiva está no art. 14 da Constituição Nacional da Argentina[129] que, como o art. 9º da Constituição Federal do Brasil, não necessita de qualquer regulamentação para ser aplicável. Ao contrário, não pode, a pretexto de regulamentar greve, criar empecilhos às suas mais diversas manifestações[130].

Assim, a ação direta dos trabalhadores está contida, pois, na sentença constitucional de que "É assegurado o direito de greve, competindo aos trabalhadores decidir sobre a oportunidade de exercê-lo e sobre os interesses que devam por meio dele defender" (art. 9º da C.R.F.B.).

E aqui talvez caiba uma indagação acerca desses interesses que justificam a greve. O objetivo de enquadrá-los no restrito conceito de "interesses profissionais", além de algo vago, afronta, no caso brasileiro, a regra constitucional (o citado art. 9º).

Ademais, como adverte Pajoni, denota uma intenção de limitar o direito de greve e afastar dos trabalhadores um meio de expressão e ação claro e contundente, inclusive no plano político e social"[131].

Nenhuma dúvida pode existir, a esta altura da história da sociedade, de que um aumento de salários, uma reforma das leis laborais, uma medida de seguridade social, um reclamo por direitos da coletividade obreira, significam fatos e atos de conteúdo definitivamente político.

Por outro lado, certo é que medidas sociais, econômicas e políticas podem modificar as condições de vida da população e, portanto, dos trabalhadores, maioria ampla da população ativa.

Qualquer ato que afete os interesses dos trabalhadores os legitima para levar a cabo as ações que considerem producentes para defender, obter ou manter suas conquistas econômicas, sociais e políticas, conforme a concepção da progressividade e da não regressividade:

> "Al intentar desvincular el interés profesional de la vida política y económica del país, se propone reducir el derecho de huelga a límites que lo hacen completamente ineficaz. En las economías de mercado, la frontera

---

(128) PAJONI, p. 559.
(129) PAJONI. Ob. cit., *idem*.
(130) PAJONI, *idem*.
(131) PAJONI. Ob. cit., p. 560.

> *entre lo político, lo económico y lo social, es muy difusa, por lo que las actuaciones en tales campos no admiten una rígida separación. No es fácil determinar con exactitud donde está la línea de separación entre huelgas laborales y políticas... La interpretación amplia, de la que participamos, conlleva a que los intereses de los trabajadores pueden ser tutelados no sólo a través de la acción puramente económica, sino también por una acción de tipo general que tiene evidentemente amplio contenido político... El texto constitucional tiene el alcance de una tipología de las huelgas que no se agota en las de carácter estrictamente laboral."*[132]

Por conseguinte, são lícitas e até dignas de louvor as **greves de solidariedade** por liberdades sindicais e até as políticas.

As **greves de solidariedade** são ações de força efetuadas por trabalhadores de diversos estabelecimentos, sindicatos, associações ou centrais em favor de outros obreiros. Se bem que, aparentemente, os trabalhadores solidários não seriam afetados pelo conflito, a história demonstra que o capital ou o Estado, uma vez que logram impor uma condição daninha de trabalho ou um retrocesso social a um setor, trata logo de estender tal alteração a outros segmentos, quando não a todos os obreiros. A luta específica de um grupo pode ser a preliminar de um conflito de maior envergadura.

Os trabalhadores solidários não apenas defendem os obreiros diretamente prejudicados, mas igualmente seu interesse direto. Ganhar uma batalha parcial é, muitas vezes, impedir uma derrota geral.[133]

As **greves por liberdade sindical** podem ocorrer para assegurar a liberdade dos dirigentes sindicais e dos trabalhadores em suas mais diversas modalidades; a proteção contra atos antissindicais e medidas regressivas na legislação de greve e sindical.

Outra ação de força relevante é a **greve política**. As relações sociais no sistema capitalista trazem em seu bojo o conflito entre capital e trabalho, sendo a política a expressão desse conflito. Assim legitima, em princípio, toda greve em que esteja em jogo interesses políticos, sociais e econômicos que afetem os trabalhadores, tais como leis e medidas de desregulamentação, flexibilização ou precarização do Direito do Trabalho, normas regressivas no campo da Previdência Social, revogação de dispositivos legais e da Constituição favoráveis aos trabalhadores. Outrossim, podemos cogitar de greves para tornar efetivas as Convenções da OIT (ex: no Brasil, a de n. 158), regulamentar preceitos constitucionais (ex: o art. 7º, I, da Constituição Federal Brasileira) e para tornar efetiva a representação dos obreiros na empresa (no Brasil, uma realidade ainda muito distante).

---

(132) *Apud* PAJONI. Ob. cit., p. 561.
(133) PAJONI. Ob. cit., p. 561.

Mauricio Godinho Delgado reforça esse entendimento, mencionando a possibilidade de movimentos ou paralisações fora do âmbito contratual econômico-profissional, greves políticas de solidariedade e de ocupação,[134] ressaltando que o juízo de oportunidade e os interesses a serem defendidos pela greve estão sujeitos à deliberação dos trabalhadores, conforme a Magna Carta de 1988.[135] Cita, em apoio à sua lição, o ensinamento de Amauri Mascaro Nascimento, baseado em decisão da Corte Constitucional da Itália que teria sustentado que a greve constitui, sempre, uma manifestação de liberdade constitucional, reconhecida e, como tal, não susceptível de constrangimentos, podendo incluir, inclusive, a greve política, salvo em se tratando de casos de subversão do ordenamento constitucional.

Registra ainda o renomado juslaboralista ao tratar da extensão do direito de greve:

> *" O texto constitucional de 1988 firma, sem dúvida, extensão bastante larga para o direito de greve no segmento privado. Diz a Constituição que confere os trabalhadores decidir sobre a oportunidade de exercer o direito sobre os interesses que devam por meio dele defender (Art. 9º, caput): Trata-se, sem dúvida, da mais ampla potencialidade reconhecida ao instituto em sua vivência no país.*
>
> *No que diz aos interesses contemplados, é fato que a grande maioria das greves dirige-se a temas contratuais trabalhistas, sendo esse o conduto essencial de desenvolvimento do instituto ao longo da história do capitalismo*[136].

---

(134) DELGADO, Mauricio Godinho. Ob. cit., p. 1296.
(135) FERNANDEZ, Leandro. O direito de greve como restrição à liberdade de empresa. *Revista Síntese Trabalhista e Previdenciária*, n. 280, out./2012, IOB, São Paulo, p. 81. Repisa que "não apenas os mecanismos de exercício da greve, como também os interesses através dela tutelados serão definidos pela categoria, não cingindo-se, pois, apenas a fatores típica e exclusivamente derivados da relação de emprego. É dizer, o âmbito material de direitos passíveis de defesa mediante o recurso à greve abrange tanto direitos laborais específicos como inespecíficos, na conhecida classificação de Palomeque Lopez."
(136) Aqui discordamos do festejado autor. A história demonstra o vigor das greves políticas e sua ampla incidência em todas as esferas. A greve pode servir para derrubar ditadores (como Ibanêz, no Chile), libertar cidades (Paris, 1944) e para defesa do monopólio do petróleo (Brasil). Com efeito, em especial na América Latina e no Caribe, como recorda Francico Iturraspe: *"A greve transcendeu os limites do conflito coletivo 'gremial' na empresa, ou no ramo de produção, para converter-se historicamente — em expressão das lutas políticas dos trabalhadores que, em muitos casos, perseguiram — e às vezes alcançaram — finalidades mais além dos objetivos meramente reivindicativos: casos emblemáticos são encontrados nas greves cubanas de 1935 e 1959; a de janeiro de 1958, na Venezuela, que desembocou na queda da ditadura no dia 23 desse mês; na greve argentina de outubro de 1945, fator fundamental da explosão popular do dia 17; as greves que precederam aos Rosariazos e Cordobazos em 1969; as greves gerais no Peru, Uruguai, Chile e México, para mencionar somente alguns países.*

Entretanto, sob o ponto de vista constitucional, as greves não necessitam circunscrever-se a interesses estritamente contratuais trabalhistas (embora tal restrição seja recomendável, do ponto de vista politico-pratico em vista da banalização do instituto — ASPECTO A SER AVALIADO PELOS TRABALHADORES).

Isso significa que, para o teor do comando constitucional, não são, em princípio, inválidos movimentos paredistas que defendam interesses que sejam rigorosamente contratuais — como as greves de solidariedade e as chamadas políticas. A validade desses movimentos será inquestionável, em especial se a solidariedade ou motivação política vinculam-se a fatores de significativa repercussão na vida e trabalho dos grevistas.

Já se mencionou, neste capítulo (item III. 1D), a grande resistência que, em regra geral, trabalhistas e diretivas ordens jurídicas têm com respeito a greves não estritamente econômico-profissionais. Porém, nas democracias, havendo significativa aproximação de interesses, apta a gerar instrumental solidariedade, ou havendo significativa aproximação de problemas, apta a gerar instrumental insurgência paredista, o exercício da greve não se qualifica como abuso de direito. Certo é a linha matriz apontada pelo art. 9º da Constituição da República do Brasil."[137]

Sobre outra modalidade de greve, **a ocupação de estabelecimento** ("lock in") ensina Delgado que é "essencialmente um método de realização do movimento paredista. Por isso, enquadra-se no conceito legal dessa figura do direito coletivo" pelo que lícita é. Registra que a nova ordem constitucional brasileira de 1988 não condiciona a greve à desocupação dos locais de trabalho.[138]

Márcio Túlio Viana destaca o papel da greve como criadora de direitos, inclusive de Direitos Humanos, mas também como forma de torná-los mais efetivos, além de servir à promoção das classes oprimidas em geral. A greve pode ter essas características: irradiar efeitos para outras categorias e mesmo para além das relações de trabalho:

"a greve consegue ser muitas coisas de uma vez só: é momento de liberdade, de pausa, de rebelião e de sonho; tem traços de homem e de mulher;

Os trabalhadores latino-americanos utilizaram a greve não somente como meio de autodefesa coletiva na luta por suas reivindicações, mas também como instrumento de autodefesa social, em especial no resguardo da democracia frente às ditaduras militares que assolaram nosso continente." O Direito de Greve como Fundamento de um Direito do Trabalho Transformador. In: RAMÍREZ, Luis Enrique; SALVADOR, Luiz (coords.). *Direito do trabalho*: por uma carta sociolaboral latino-americana. São Paulo: LTr, 2012. p. 142.
(137) ITURRASPE, Francico. Ob. cit., p. 1303.
(138) DELGADO. Mauricio Godinho. Ob. cit., p. 1301.

arroubos de jovem e a racionalidade de adulto. Exatamente por isso, as leis estão sempre tentando capturá-la, e ela sempre buscando fugir. Historicamente a greve foi e tem sido a grande arma não só para criar direitos, como para torná-los mais eficazes; e não apenas para fins trabalhistas, mas para a promoção das classes oprimidas em geral."[139]

Disso resulta para Túlio Viana que a greve pode ter as mais diversas facetas: reivindicativas, políticas, solidariedade e de ocupação[140], fazendo coro a GODINHO DELGADO e à doutrina estrangeira, ao direito comparado, às Convenções e Tratados Internacionais e à jurisprudência da OIT, como veremos mais à frente. Nota que, em verdade, todas essas práticas têm um traço em comum: o protesto, a denúncia e a pressão exercida coletivamente.

Critica o Professor da UFMG e da PUC-MG a pressa do legislador brasileiro e a sua intenção em aprisionar a real dimensão da greve ao conceituá-la como "suspensão coletiva, temporária e pacífica, total ou parcial, de prestação pessoal a empregador" (art. 2º, da Lei n. 7.783/89):

"Ocorre, porém — como ensina Pinho Pedreira — que o conceito legal está em crise. Já não corresponde à realidade. Além disso, acaba restringindo a norma constitucional.

Por isso, na doutrina comparada, autores como Javillier e Palomeque López tentam aproximá-lo do seu sentido comum, identificando a greve com toda e qualquer ruptura com o cotidiano."[141]

Prossegue o ilustrado jurista:

"Na verdade, é juridicamente possível adotar essa tese, mesmo em face da lei brasileira, basta: a) ou considerá-la inconstitucional, na medida em que parece reduzir o campo do art. 9º da CF; b) ou interpretar com mais largueza a expressão "suspensão (...) parcial da prestação do serviço", de forma a incluir nela aquelas hipóteses atípicas.

Note-se que o Comitê de Liberdade Sindical da OIT admite algumas modalidades de greves atípicas — como o Lock-in (ou greve de ocupação), a greve de zelo e a greve de rendimento"[142]

Recorda o mestre mineiro que o Comitê de Liberdade Sindical já concluiu que os interesses dos trabalhadores *"englobam também a busca de soluções para questões de política econômica e social"*.[143] Em consequência: *"(...) A declaração*

---

(139) VIANA, Márcio Túlio. Da greve ao boicote: os vários significados e as novas possibilidades das lutas operárias. *Revista do Tribunal Regional da 3ª Região*, Belo Horizonte, v. 49, 79, jan./jun. 2009, p. 101.
(140) VIANA, Márcio Túlio. Ob. cit., p. 114.
(141) VIANA, Márcio Túlio. Ob. cit., p. 115.
(142) VIANA, Márcio Túlio, *idem*.
(143) VIANA, Márcio Túlio, *idem*.

de ilegalidade de uma greve nacional de protesto contra as consequências sociais e trabalhistas da política econômica do governo e sua proibição constituem grande violação da liberdade sindical".⁽¹⁴⁴⁾ Conclui que, pela mesma razão e ainda de acordo com a OIT, que "*pode haver greve mesmo quando o conflito não é susceptível de desembocar em uma convenção coletiva*".⁽¹⁴⁵⁾

Portanto, subordinar o direito de greve apenas às demandas salariais (ou de cunho contratual) ou quando da negociação coletiva ou, ainda, a meios tradicionais de reivindicação, mediante uma forma predeterminada em lei à sua validade, ofende o direito internacional, à Constituição e a própria realidade das relações do trabalho, enfraquecendo a organização dos trabalhadores e suas lutas.

No mesmo diapasão, Noêmia Porto, professora e Magistrada do Trabalho escreve que vincular e condicionar o direito de greve apenas às reivindicações salariais fragiliza a capacidade de mobilização da categoria por outras causas que considera relevantes, recusando o seu caráter de fundamentalidade na Constituição. Exemplifica com a terceirização de postos do trabalho, **praga** que infesta o atual mundo do trabalho, agravada pela timidez (quando não pela condescendência) dos operadores do direito que deveriam combatê-la.⁽¹⁴⁶⁾

Cumpre registrar aqui o teor do Enunciado n. 6, aprovado na Primeira Jornada de Direito Material e Processual na Justiça do Trabalho sob os auspícios da Escola Nacional da Magistratura Trabalhista (ENAMATRA) e do colendo Tribunal Superior do Trabalho Brasileiro:

> "*GREVE ATÍPICA REALIZADA POR TRABALHADORES. CONSTITUCIONALIDADE DOS ATOS. Não há, no texto constitucional, previsão reducionista do direito de greve, de modo que todo e qualquer ato dela decorrente está garantido, salvo os abusos. A Constituição da República contempla a greve atípica, ao fazer referência à liberdade conferida aos trabalhadores para deliberarem acerca da oportunidade da manifestação e dos interesses a serem defendidos.*"

Em suma, no prestigioso evento que reuniu Ministros da mais alta Corte trabalhista do Brasil, Desembargadores dos Tribunais, juízes do 1º grau, professores e juslaboralistas, advogados e membros do Ministério Publico do Trabalho, ficou assentado que a greve não se esgota com a paralisação das atividades nem com o seu conteúdo "trabalhista", compreendendo todo e qualquer procedimento para a defesa (autodefesa) dos trabalhadores.

Do que se depreende que o Direito Fundamental de greve e o conjunto de atos nele englobados não podem ser interpretados restritivamente, envolvendo

---

(144) VIANA, Márcio Túlio, *idem*.
(145) VIANA, Márcio Túlio, *idem*.
(146) VIANA, Márcio Túlio. Criminalização de condutas sindicais: entre greves, interditos e dissídios, as tendências que desafiam o Estado Democrático de Direito. In: CAVALCANTI, Ugo; TEIXEIRA, Platon (coords.). *Temas de direito coletivo do trabalho*. São Paulo: LTr, 2010. p. 240.

a organização do evento, os piquetes, reuniões, convocação por carros de som, greves atípicas, politicas e de solidariedade e o *lock-in* (ocupação do estabelecimento). Tudo em um contexto de aprofundamento da democracia e da justiça social.

Do que analisado acima, para nós merece especial atenção a **greve de ocupação** (*lock-in*), pelos seus desdobramentos processuais (ações possessórias e cautelares), de que trataremos mais adiante.

Já vimos que nomes expressivos na doutrina brasileira admitem a ocupação como espécie ou medida inerente à greve. O professor uruguaio Oscar Ermida Uriarte também defende sua juridicidade, ressaltando sua pertinência com a realidade das relações trabalhistas:

> *"Enquanto não se dispõe de mecanismos eficazes e rápidos de controle do cumprimento das normas e direitos laborais, enquanto os meios e as autoridades não se indignam e atuam energicamente diante de um salário não pago, uma contratação fraudulenta, uma demissão injustificada, sempre a ocupação será a via mais efetiva a atrair a atenção imediata e ampla, tanto por parte da imprensa quanto das autoridades."*[147]

Nanci Corrales, Ministra do Tribunal Uruguaio de Apelações, noticia que na doutrina uruguaia a ocupação é vista ora como modalidade de greve (forma típica de greve), ora como sua manifestação ou expressão, havendo ainda quem a veja como uma atividade sindical, protegida pela Constituição uruguaia e pelo art. 3º do Convênio 87 da OIT. Registra ainda que a greve de ocupação foi expressamente reconhecida no Direito uruguaio pelo Decreto n. 165/206 que reza ser a ocupação parcial ou total dos lugares de trabalho uma modalidade de exercício do direito de greve[148].

Ressalta também a ilustre Magistrada e jurista uruguaia que, além da legislação citada, devem ser lembrados os marcos normativos de hierarquia superior como Pactos e Declarações de Direitos Humanos, o Convênio 87 da OIT e os pronunciamentos do Comitê de Liberdade Sindical e a Comissão de Especialistas na Aplicação dos Convênios e Recomendações da OIT, além do art. 57 da Constituição Uruguaia.[149]

Como Túlio Viana destaca, o Comitê de Liberdade Sindical e a Comissão de Especialistas na Aplicação dos Convênios e Recomendações da OIT mantém uma jurisprudência uniforme no sentido de considerar a ocupação uma

---

[147] CORRALES, Nanci. Ocupación y solución de conflictos colectivos. In: *XVII Jornadas Uruguayas de Derecho del Trabajo y de la Seguridad Social*, apud Direito Sindical no Uruguai. Ob. cit., p. 225.
[148] Ob. cit., p. 223-225.
[149] Ob. cit., p. 224.

modalidade de greve, pontuando sua natureza atípica com outros movimentos, como o trabalho de observância estrita do regulamento, que também devem ser respeitados e tutelados.

Outra espécie de greve que merece atenção especial, pois relacionada à evolução dos Direitos Humanos, diz respeito ao ambiente de trabalho, à chamada GREVE AMBIENTAL. Mais uma vez, lidamos com uma greve sem previsão expressa, atípica. Mas como já demonstramos, merece o direito de greve uma interpretação ampliativa, não reducionista, de modo a garantir todo e qualquer ato que com ela tenha vinculação.

Raimundo Simão de Melo define-a como a paralização com a finalidade de preservar e defender o meio ambiente do trabalho de quaisquer agressões que possam prejudicar a segurança, a saúde e a integridade física e psíquica do trabalhador[150].

Por sua vez, Celso Antonio Pacheco Fiorillo amplia o conceito de greve ambiental para considerar como tal todo instrumento constitucional destinado à autodefesa do obreiro para assegurar o meio ambiente de trabalho saudável (art. 200, VIII e 225 da CF) e, por consequência, tornar efetivo o direito à saúde (arts. 6º e 7º, da CF).[151]

Conforme se depreende da concepção acima, os Direitos Fundamentais ao meio ambiente do trabalho saudável, à sadia qualidade de vida e à saúde complementam-se e não se esgotam apenas no plano da esfera física, mas também no campo psíquico e social; aquilo que a Organização Mundial de Saúde — OMS reza ser "*um estado completo de bem-estar físico, mental e social e não somente a ausência de doença ou enfermidade.*"

Assim, pontua Sandro Nahmias Melo: "*A mera observância de normas de ergonomia, luminosidade, duração de jornada de trabalho, previstas em lei, não autoriza, por si só, a conclusão de que o meio ambiente do trabalho seja satisfatório. Trabalhos realizados em condições extremas, estressante, por exemplo, poderão ter consequências mais danosas que o labor cumprido em condições de perigo físico até porque o dano à saúde psíquica nem sempre tem sua nocividade imediatamente identificada*".[152]

Entre essas condições estressantes que podem trazer malefícios psíquicos cita as técnicas de "incentivo ao trabalho" como fixação de metas impossíveis

---

(150) MELO, Raimundo Simão de. *Direito ambiental do trabalho e a saúde do trabalhador*. São Paulo: LTr, 2004. p. 99.
(151) FIORILLO, Celso Antonio Pacheco. *Curso de direito ambiental brasileiro*. São Paulo: Saraiva, 2000. p. 213.
(152) MELO, Sandro Nahmias. Meio ambiente do trabalho e greve ambiental. *Revista LTr*, v. 73, n. 02, São Paulo, fev. 2009, p. 145.

ou de difícil alcance, acompanhadas ou não de humilhação pública, truculência verbal ou condutas discriminatórias[153].

Gilles Lipovetsky traça com precisão o retrato dessas novas técnicas de trabalho: *"Na realidade, os trabalhadores hipermodernos veem nas novas técnicas de gestão do pessoal não tanto promessas de felicidade quanto normas causadoras de insegurança profissional, de dificuldades e de pressões aumentadas. Muito mais tolerados que desejados, os preceitos da nova gestão são assimilados aos riscos de demissão e ao recuo das proteções coletivas, ao aumento dos esforços penosos e à degradação das relações de trabalho. Ameaças de demissão, burn out, elevação do estresse, intensificação das cargas e ritmos de trabalhos, medo permanente de não estar à altura das novas tarefas: antes que objeto de fervor, a nova era de eficácia é associada à inquietação com o futuro, às coerções e ao aumento das pressões que pesam sobre os assalariados. Se os hinos à competitividade e ao envolvimento subjetivo fazem sucesso, eles são tudo, menos apreendidos como disciplinas de salvação pessoal, visto que acompanhados de insegurança profissional e identitária, de debilidade de autoestima, de "sofrimento no trabalho".*[154][155]

---

(153) MELO, Sandro Nahmias, *idem*.
(154) LIPOVETSKY, Gilles. *A felicidade paradoxal, ensaio sobre a sociedade de hiperconsumo*. São Paulo: Companhia das Letras, 2007. p. 268.
(155) Esse tema é objeto de inúmeros estudos de Christophe Dejours na obra *Conjurer la violence, travail, violence et santé*. O estudioso francês constata: *"Dans le monde du travail, les transformations importantes de l'organisation du travail via les nouvelles Technologies, la flexibilisation de l'emploi, les méthodes d'évaluation individualisée des performances et les certifications de qualité géèrent aussi de nouvelles formes de souffrance et de pathologie mentale.""Le risque de dépression s'annonce. Les nouvelles formes de gestion font des epreuves d'évaluation individualisée des performances un tribunal de la reconnaissance."* (p. 20 e 27, Editions Payot e Rinages, Paris, 2011). Em outro livro, já um clássico sobre o assunto, escreve: *"C'est au nom de cette juste cause qu'on use, larga manu, dans le monde du travail, de méthodes cruelles contre nos concitoyens, pour exclure ceux qui ne sont pas aptes à combattre pour cette guerre (les vieux devenus trop lents, les jeunes insuffisamment formés, les hésitants...): on les congédie de l'entreprise, cependant qu'on exige des autres, de ceux qui sont aptes au combat, des performances toujours supérieures en matière de productivité, de disponibilité, de discipline et de don de soi. Nous ne survivrons, nous dit-on, que si nous nous surpassons et si nous parvenons à être encore plus efficaces que nos concurrents. Cette guerre pratiquée sans recours aux armes (du moins en Europe) passe quand même par des sacrifices individuels consentis par les personnes, et des sacrifices collectifs decidés en haut lieu, au nom de la raison économique. Le nerf de la guerre, ce n'est pas l'équipement militaire ou le maniement des armes, c'est de développement de la compétitivité."* ("Souffrance en France, la banalisation de l'injustice sociale", p. 10, Editions du Seuil, 2009, Paris). Em outro trabalho, reforça suas conclusões anteriores: *"La détérioration de la santé mentale au travail est, donc, électivement liée à l'évolution de l'organisation du travail. Ce qui a changé dans les dernières années, c'est l'introduction de techniques nouvelles, au premier rang desquelles on trouve:
— l'évaluation individualisée des performances;
— la qualité totale;
— la sous-traitance en cascade (et le recours croissant aux travailleurs indépendants au detriment du travail salarié)."* (*Souffrance au travail*. Lyon: Éditions de la Chronique Sociale, 2012. p. 15).

O fundamento para a greve ambiental, pelo comprometimento da saúde física ou psíquica, tem como fundamento, além dos preceitos já citados, a Convenção 155 da OIT, aprovada no Brasil pelo Decreto Legislativo n. 2/92 e promulgada pelo Decreto n. 1.254/94. Em seu art. 13 concede ao empregado o direito de resistir ao trabalho que ponha em risco sua saúde ou a sua vida. Esse direito de resistência resguarda o obreiro das medidas de retaliação que possam ser tomadas pelo empregador.

Questão deveras interessante diz respeito à greve ambiental que não observa as formalidades legais.

Nesse campo não cabem aqui maiores debates acerca do movimento que não observa prazos, publicações de editais, aviso nos jornais ou outro meio de ciência prévia, *quorum* mínimo, participação do sindicato etc.

Sobre os formalismos legais, muitos de duvidosa constitucionalidade em países como Brasil, cujo texto constitucional agasalha a greve com amplitude (art. 9º da CF), prevalecem os princípios e regras constitucionais que zelam pelo meio ambiente de trabalho sadio e pela integridade física e psíquica daquele que labora para outrem.

Note-se que estamos tratando de Direitos Humanos Fundamentais, diretamente vinculados à vida e à dignidade da pessoa humana.

De maneira que não podem formalismos e restrições, frequentemente criados para dificultar ou cercear a greve, merecer acatamento quando em jogo a vida e a saúde do cidadão trabalhador.

A propósito, transcrevemos luminosa decisão do Tribunal Regional de Campinas:

> "Não podemos acolher as alegações da suscitante no sentido de declarar a greve abusiva, ainda que a norma que disciplina o exercício do direito de greve não tivesse sido cumprida literalmente. Ocorre que a paralisação coletiva do trabalho é um fenômeno tipicamente social, e a sua deflagração pode decorrer de circunstâncias tais que, sob o aspecto formal, o descumprimento da norma não implica em sua violação a ponto de permitir que se declare abusivo o movimento." (15ª Região, SP, DC — 153/96. DO de 5.6.96, Relator Juiz Carlos Roberto do Amaral Barros)

É óbvio que se de outro lado estiverem também em jogo valores, princípios e regras acerca da saúde e da vida de outras pessoas, o direito de greve deverá ser exercido com ponderação, não perdendo de vista o parâmetro do art. 13 da Convenção 155 da OIT.

Portanto, o arcabouço da proteção ambiental exige manejo de todos os meios possíveis para prevenir ou reprimir práticas que possam comprometer a vida e a saúde dos trabalhadores e da sociedade em geral.

Com efeito, cumpre lembrar que nem sempre as medidas judiciais e administrativas conseguem logar o intento da imediata tutela do trabalhador e do meio ambiente, seja porque encontram em seu caminho a "natural" demora da prestação judicial, questões processuais (competência, legitimidade, interesse etc.) ou, ainda, o arraigado preconceito que persiste em algumas esferas contra as ações coletivas.

Por outro lado, as medidas judiciais podem ser reforçadas ou efetivadas por procedimentos mais gerais e com mais repercussão como atos públicos, passeatas, campanhas de informação e greves (típicas ou atípicas).

Diante do exposto, podemos concluir esse item lembrando que, com o tempo, outras formas de procedimentos foram agregadas à greve. A realidade social e a criatividade dos obreiros alargaram a noção deste instituto, apresentando novos significados. Logo, não há mais razão para se reputar legítima somente a modalidade de greve prevista no art. 1º da lei brasileira (7.783/1989). "Em verdade, a Constituição de 1988 assegura amplamente o direito de greve, não veiculando — ou autorizando que a lei o faça — meio específico através do qual ele seja exercido, mas, ao revés, remetendo ao âmbito da autonomia coletiva a definição de sua concretização."[156]

6.3. AÇÕES E MEDIDAS JUDICIAIS

6.3.1. Apresentação do Problema

No Brasil, no compasso do esvaziamento ou da restrição ao seu pleno exercício da greve, parte-se não raro para uma inversão normativa: a Constituição é lida sob a ótica da Lei n. 7.783/89 e de construções doutrinárias e jurisprudenciais erigidas sob estatutos expedidos na ditadura do **Estado novo e militar de 1964**.

Disso resulta que não há uma indagação adequada acerca da amplitude do direito de greve, mas preconceitos daqueles que nela vislumbram (ainda) ameaças, atos antissociais ou transgressões.[157]

Esse quadro ficou bastante claro após a vigência da Constituição Brasileira de 1988, ou seja, assim que a greve foi tratada com Direito Fundamental. Setores do empresariado, dos meios de comunicação e dos meios mais conservadores da sociedade, iniciaram um processo sistemático dirigido ao controle do exercício desse direito.

O primeiro passo veio por meio da Lei de Greve de 1979, oriunda de Medida Provisória expedida pelo governo Sarney, quando não havia maiores limitações ao seu manejo abusivo. Diversas restrições e formalidades (algumas de difícil

---

(156) FERNANDEZ, Leandro. Ob. cit., p. 81.
(157) PAIXÃO, Cristiano; LOURENÇO FILHO, Ricardo. A greve e sua conformação pelo TST: desvelando mentalidades. In: *O mundo do trabalho*. v. 1, São Paulo: LTr, 2009. p.73.

ou impossível observância em determinadas circunstâncias) trouxeram obstáculos significativos ao exercício desse Direito Fundamental.[158]

A seguir, o Judiciário entrou em cena, concedendo interditos possessórios, cautelares, correições parciais, liminares e fixando "patamares mínimos" de funcionamento da atividade empresarial que, pouco a pouco, chegaram a 90% ou mesmo 100% (em alguns casos)...

Não bastasse, passou a sancionar as greves com multas e indenizações significativas, algumas com valores astronômicos, que põem em risco o patrimônio e a saúde financeira dos sindicatos, além de cercear ou desestimular o exercício pleno da greve.

Pontuam Túlio Viana[159], Cristiano Paixão e Ricardo Lourenço Filho que com o manejo, não raro arbitrário, dos instrumentos e institutos do direito comum e processual civil realiza-se a "negação do direito pelo direito". *"Esquece-se a natureza da greve como Direito Fundamental, desconstitucionaliza-se a greve, subtraindo dos trabalhadores a decisão sobre a oportunidade de seu exercício e sobre os interesses que pretende defender"* (Art. 9º da CFB).[160]

Em atenção aos princípios da progressividade e da não regressividade e de todo arcabouço do direito internacional, além da Constituição Federal em vigor, não pode o Judiciário, sob pretexto de aplicar a lei, estabelecer condições ou medidas que inviabilizem ou acarretem restrição significativa do exercício do Direito Fundamental de greve. O Judiciário deve romper com a memória da greve-delito (conduta transgressiva e antissocial), tributária de outro regime que não o democrático de direito.

Nesse sentido, a jurisprudência do Comitê de Liberdade Sindical da OIT: "As condições requeridas pela legislação, para que a greve seja considerada atividade ilícita, devem ser razoáveis e, em qualquer hipótese, não ser de natureza que constitua significativa limitação das possibilidades de ação das organizações sindicais" (verbete n. 498, OIT, 1997).

6.3.2. Interditos Possessórios

Vamos aqui tentar fazer um rápido bosquejo da doutrina que se debruça sobre os interditos possessórios, manejados de forma absolutamente desvirtuada no aspecto jurídico, social e principiológico.

---

(158) VIANA, Márcio Túlio adverte que " *o fato de haver uma lei de greve (...) não significa que tenhamos de nos conformar com a literalidade do texto. Ao contrário, devemos ler criticamente, sem perder de vista a matriz constitucional. Isso nos levará não só a uma interpretação extensiva, no sentido afirmativo do direito, como também a concluir, em alguns pontos, pela sua invalidade".* In: *Direito de resistência.* São Paulo: LTr, 1996. p. 302.
(159) VIANA, Márcio Túlio. Ob. cit., p. 302.
(160) PAIXÃO, Cristiano; LOURENÇO FILHO, Ricardo. Ob. cit., p. 68.

Os estudiosos da matéria realçam a atecnia dos pedidos e das decisões relativas aos interditos proibitórios quando do exercício do direito de greve na medida em que visam à tutela da atividade empresarial e não da posse em si.[161]

No quadro das relações coletivas de trabalho, adverte a doutrina, o direito de greve destina-se à atividade do patrão. Não é o escopo da greve a posse do empregador, não cabendo a presunção de que ocorreria turbação de posse nas hipóteses de mera perturbação da atividade empresarial.[162]

De maneira que não se poderia confundir o interdito possessório para salvaguarda do direito do possuidor com a tutela do interesse do empresário na continuidade de suas atividades.[163]

O desconforto com a greve há de ser analisado no contexto do conflito coletivo de trabalho e não no plano da posse, que só uma interpretação artificial do instituto justificaria os interditos.

Realização de assembleias em frente dos estabelecimentos da empresa, piquetes, obstáculos à entrada de clientes e empregados e mesmo o *lock-in* são inerentes à greve como demonstramos nos capítulos anteriores.

Assim, *"o que se verifica nas hipóteses de propositura de determinados interditos proibitórios na Justiça do Trabalho é a pretensão de tutela do interesse imediato do empregador na continuidade de sua atividade empresarial, sem nenhuma correlação com o instituto da posse; na maioria das vezes, com a concessão de liminar pelos órgãos da Justiça do Trabalho, revelando um desvirtuamento do instituto processual em comento. Somente os direitos reais decorrentes do direito de posse ensejam a tutela por intermédio de interditos, não servindo estes para proteção de direitos pessoais ou obrigacionais. Nesse sentido, dispõe a Súmula n. 228 do STJ."*[164]

O professor da USP, Ronaldo Lima dos Santos, adverte que:

> *"A atecnia jurídico-processual na concessão de interditos proibitórios pela Justiça do Trabalho não somente tem suscitado a propositura exponencial dessas ações pelos empregadores, principalmente pelas entidades bancárias, que encontraram nesse meio processual um rápido recurso para a continuidade de suas atividades empresariais, em detrimento do Direito Fundamental de greve dos trabalhadores, como tem gerado um verdadeiro abuso na concessão de liminares, em virtude da equivocada equiparação entre o direito à continuidade da atividade empresarial com o direito à*

---

(161) SANTOS, Ronaldo Lima dos. Interditos proibitórios e direito fundamental de greve. *Revista "Justiça do Trabalho"*, HS. Editora, Porto Alegre, jan. 2011, p. 13-27.
(162) SANTOS, Ronaldo Lima dos. Ob. cit., p. 13.
(163) *Idem*.
(164) SANTOS, Ronaldo Lima dos. Ob. cit., p. 14.

posse e seus desdobramentos (direito de gozo, uso e usufruto da coisa em si). Turbação da atividade empresarial não se confunde, em hipótese alguma, com turbação de posse, não sendo cabível interdito proibitório no primeiro caso, como nas situações de realização de piquetes e assembleias na frente de agências bancárias ou obstacularização do ingresso de clientes e empregados, entre outros atos sindicais. É da essência dos movimentos paredistas a turbação da atividade empresarial, sendo esta o pano de fundo do conflito coletivo de trabalho, a qual não pode ser equiparada à eventual perturbação da posse para efeitos de tutela via interditos proibitórios pelos juízes singulares da Justiça do Trabalho".[165]

Nessa esteira, assevera que é desprovido do necessário interesse de agir o empregador que, diante de um movimento paredista, requer ordem judicial para salvaguardar a sua atividade de empresarial. Recomenda a extinção sem resolução do mérito do processo (Art. 267, VI, do CPC brasileiro).[166]

Põe em relevo, outrossim, que os interditos têm inegável viés antissindical, pois visam também obstar a prática de atos tipicamente inseridos na atividade gremial, tais como a realização de assembleias na frente das empresas, distribuição de panfletos, convocação por carros de som, "apitaços" e piquetes.[167]

Não se pode perder de vista que a Justiça do Trabalho tem o dever constitucional de assegurar o princípio da liberdade sindical especialmente após a Constituição de 1988 e o advento da emenda constitucional n. 45/2004.

Denuncia o professor paulista o despropósito que é o pedido (e a concessão) de interditos para obstar a própria assembleia dos trabalhadores, em flagrante violação ao citado princípio da liberdade sindical e aos Direitos Fundamentais de reunião e livre manifestação consagrados no Brasil, na Constituição de 1988 (art. 5º, XVI).

Igualmente repudia o professor de São Paulo o desvirtuamento do interdito para direcioná-lo contra a ameaça de greve, ou seja, o mero exercício desse Direito Fundamental. Além da falta de técnica processual, essas pretensões (e seus eventuais acolhimentos) padecem de vício ideológico claro contra a greve, tratada mais uma vez como uma ameaça ou como uma transgressão e não um Direito Social Fundamental da Pessoa Humana.[168]

João Humberto Cesário caminha no mesmo sentido, assinalando que a notícia de iminente deflagração do movimento paredista não pode ser tida como *alibi* para a concessão de interditos, em respeito a uma ótica comprometida

---

(165) SANTOS, Ronaldo Lima dos. Ob. cit., p. 15.
(166) *Idem*.
(167) SANTOS, Ronaldo Lima dos. Ob. cit., p. 16-7.
(168) SANTOS, Ronaldo Lima dos. Ob. cit., p. 19.

com os fundamentos republicanos da cidadania plena, da dignidade da pessoa humana, dos valores sociais do trabalho e da própria livre iniciativa (art. 1º, III e IV, da CF).[169]

Do que se conclui que a admissão das possessórias no âmbito da greve, trai um arraigado preconceito atrelado a uma concepção privatista que fere de morte a natureza da greve:

> "A concessão de interditos proibitórios nas situações de greve repousa numa visão notavelmente patrimonialista e policialesca das relações de trabalho, máxime das relações coletivas de trabalho, em detrimento da visão social do direito de greve, que figura no ordenamento jurídico brasileiro como um Direito Fundamental dos trabalhadores (art. 9º, CF 88), o qual, porém, é injustificadamente equiparado a atos ilícitos de turbação ou esbulho da posse para conceder-se interdito proibitório em favor dos empregadores. Essa ilação torna-se mais perigosa à medida que a redução do conflito a uma suposta questão possessória poderia justificar, inclusive, o exercício da autotutela pelos empregadores, pela prática do desforço possessório; garantido no art. 1210, § 1º, do CCB, com ampla possibilidade de realmente transformar um conflito social em caso de polícia. Demonstra-se inclusive despiciendo relatar todas as Cartas Internacionais de Direitos Humanos e as normas da OIT que consagram a greve como Direito Fundamental dos trabalhadores, corolário do direito de liberdade sindical.
>
> Ao adotar tal conduta os operadores do Direito do Trabalho submetem-se às ideologias liberais e individualistas que influenciaram a elaboração do Código Civil de 1916 e continuam marcando o atual estatuto civilista de 2002, não obstante o advento de alguns institutos socializantes, como a função social do contrato. Como demonstra Orlando Gomes, a legislação civilista foi totalmente refratária aos Direitos Sociais, principalmente os vinculados à legislação do trabalho, com vistas ao favorecimento das camadas superiores da população e à evitação de obstáculos à livre iniciativa. A concessão de interditos proibitórios em situações de greve nada mais significa do que submeter Direitos Sociais e fundamentais dos trabalhadores aos caprichos da livre iniciativa.
>
> Por meio da concessão de interditos proibitórios nas hipóteses de greve dos trabalhadores, o conflito social inerente às relações coletivas de trabalho é injustificadamente reduzido a uma simples questão patrimonial de suposto caráter possessório, isto é, abrevia-se um conflito de natureza coletiva

---

(169) CESÁRIO, João Humberto. Direito constitucional fundamental de greve e a função social da posse na legislação do trabalho, v. 72, n. 3, *LTr*, março de 2008, p. 289.

com a sua relação a uma simples questão individual de natureza possessória. Ressalte-se: equipara-se, prima face, contrariamente aos princípios dos Direitos Fundamentais, o Direito Fundamental dos trabalhadores, à paralisação coletiva do trabalho a atos ilícitos de turbação e esbulho, resolvendo-se pelo prisma de um direito de cunho liberal e individualístico (direito à posse) um conflito de natureza social e coletiva".[170]

O estranhamento com os pedidos e as decisões que concedem interditos pode ser visto também sob a ótica da "coisificação" do trabalho humano, tido como mero fator de produção, em detrimento da atividade produtiva. Tal raciocínio é exposto com maestria por Ericson Crivelli em brilhante ensaio que tomamos a liberdade de transcrever:

"Ao acolher o pedido da concessão da garantia judicial da posse, no caso das greves, o juiz está considerando, em síntese, o trabalho humano como extensão da coisa cuja posse se pretende proteger. As reiteradas decisões do Judiciário brasileiro estendem, na prática, aplicação do direito real ao trabalho humano, visto, neste particular, como um fator de produção que, uma vez impedido pela linha de piquete de adentrar o local de trabalho, impede ao empregador proprietário o uso e gozo de sua posse. Além do que, como se tem buscado demonstrar, olvida os deveres fundamentais decorrentes da nova configuração constitucional dada à propriedade.

Note-se que, como ficou demonstrado, na discussão do direito possessório as decisões do Judiciário brasileiro têm caminhado no sentido oposto ao da tendência atual do direito civil. Os trabalhadores deixam de ser representados pelos seus sindicatos e passam a ser objeto de posse dos seus empregadores. Desta forma, as decisões judiciais capturam a autonomia privada coletiva consubstanciada nas organizações de representação dos trabalhadores.

Conclui-se, pois, que a coisificação do trabalho leva as decisões do Judiciário brasileiro de volta a um padrão jurídico do século XIX — quando o Direito desconhecia a regulação das relações de trabalho —, fazendo-se cada vez mais urgente a efetividade da DECLARAÇÃO DE FILADÉLFIA que formalmente advertiu-nos, em 1944, que o trabalho não é uma mercadoria.

E, mais que isto, as concessões de decisões em interditos proibitórios que impedem a formação das linhas de piquete e manifestações sindicais diante dos locais de trabalho anulam, na prática, a autonomia privada coletiva

---

(170) CESÁRIO, João Humberto. Ob. cit., p. 20.

dos sindicatos que decidiram em assembleia a realização da paralização como legítimo instrumento de defesa dos seus interesses resistidos."[171]

A Magistrada do Trabalho e Professora Noêmia Porto, em alentado estudo, vê uma criminalização das condutas sociais, além de uma despreocupação clara com a natureza da greve como expressão dos Direitos Fundamentais,[172] no deferimento de interditos e outras medidas judiciais, além de diversas práticas patronais como controle e espionagem da organização sindical e dos movimentos paredistas; compromisso do empregado de não se filiar a sindicatos; divulgação entre as empresas de "lista suja" de grevistas e sindicalistas, pleitos de multas e indenizações.[173] Lamenta a juslaboralista estas práticas, destacando que atuam contra todo um arsenal de proteção da pessoa humana do trabalhador.[174]

Voltando às decisões judiciais em interditos e outras medidas judiciais registra a subversão de valores e o perigo que a força do conteúdo mandamental desses provimentos tem de transformar o ente sindical em órgão de contenção do movimento coletivo. Em outras palavras, o sindicato passa a ser obrigado a atuar como "bombeiro" para "apagar" as chamas da categoria. Ao se voltar contra ela por força de decisão judicial termina por atuar como uma *longa manus* do empregador e do Estado[175].

Esse aspecto não pode passar despercebido, pois põe em evidência a clara interferência do Judiciário nas estratégias sindicais e coletivas, colocando em *deficit* a capacidade de mobilização e reivindicação da categoria, em menoscabo à natureza da greve.

Por isso, o Comitê de Liberdade Sindical da OIT reza que:

*"Disposição que permite a uma das partes do conflito possa, **unilateralmente**, solicitar a intervenção da autoridade do trabalho, para avocar a si sua solução, apresenta um risco para o direito dos trabalhadores de declarar a greve e é contrária à promoção da negociação coletiva"* (Verbete n. 519, OIT 1997, p. 117).

O Mercosul, em sua Declaração Sociolaboral, resguarda, outrossim, a greve da intervenção cerceadora do legislador e das autoridades administrativas e judiciais.

---

(171) CRIVELLI, Ericson. Interditos proibitórios *versus* liberdade sindical — uma visão panorâmica do direito brasileiro e uma abordagem do direito internacional do trabalho. *Revista LTr*, n. 12, São Paulo, dez. 2009, p. 1424-5.
(172) PORTO, Noêmia Aparecida Garcia. Criminalização de condutas sindicais: greves, interditos e dissídios, as tendências que desafiam o Estado Democrático de Direito. In: *Temas de direito coletivo do trabalho*, p. 231.
(173) PORTO, Noêmia Aparecida Garcia. Ob. cit., p. 231.
(174) PORTO, Noêmia Aparecida Garcia. Ob. cit., p. 233 a 235.
(175) PORTO, Noêmia Aparecida Garcia. A greve como direito: Irritações entre os sistemas e desafios à estabilização de expectativas. *Revista Trabalhista Direito e Processo*, n. 26, 2008, LTr, São Paulo, p. 83-85.

"Art. 112 — Todos os trabalhadores e as organizações sindicais têm garantido o exercício do direito de greve, conforme as disposições nacionais vigentes. Os mecanismos de prevenção ou solução de conflitos ou a regulação deste direito não poderão impedir seu exercício ou desvirtuar sua finalidade".

A utilização dos interditos possessórios e outras medidas antigreve, vêm gerando reações de trabalhadores e diversas entidades democráticas, por meio de ações judiciais, documentos, encontros nacionais e denúncias a órgãos internacionais.

Exemplo dessa resposta é a propositura de Ação de Descumprimento de Preceito Fundamental no Supremo Tribunal Federal (ADPF 123, 25.9.2007) pela Confederação Nacional dos Metalúrgicos da Central dos Trabalhadores — CNMCUT, buscando "a interpretação conforme a Constituição, sem redução de texto ao art. 932 do CPC, para declarar inconstitucional, com eficácia *ergas omnes* e efeito vinculante, a aplicação do art. 932 do CPC — interdito proibitório" a fim de reconhecer e garantir a eficácia do direito subjetivo dos trabalhadores ao pleno exercício do direito de reunião, manifestação e greve. Várias outras entidades obreiras manifestaram a pretensão de ingressar no processo na qualidade de *amicus curiae*.

Outro indicativo é a realização de um encontro nacional, ocorrido na sede do Conselho Federal da OAB, nos dias 21/22 de outubro de 2008, onde entidades como ANAMATRA (Associação Nacional dos Magistrados da Justiça do Trabalho), AJUFE (Associação dos Juízes Federais do Brasil), Conselho Federal da Ordem dos Advogados do Brasil (OAB), Associação Brasileira dos Advogados Trabalhista (ABRAT), Central Única dos Trabalhadores (CUT) e o Sindicato Nacional dos Docentes das Instituições de Ensino Superior (ANDES-SN), apresentaram proposta de campanha nacional para cobrar medidas concretas da Presidência da República, do Judiciário e do Legislativo contra a "criminalização" das atividades sindicais e sociais.

O seminário foi uma resposta a várias denúncias e queixas de entidades obreiras contra decisões em desfavor de grevistas e sindicatos, além de dificuldades criadas à realização de assembleias, atos em frente às empresas, distribuição de panfletos e de material convocando para reuniões e atos públicos[176].

Essa reação da sociedade organizada, além de todos os fundamentos já expostos, encontra esteio também nas decisões do Comitê de Liberdade Sindical e da Comissão de Aplicação das Normas da OIT:

---

(176) Disponível no sítio: <http://www.jusbrasil.com.br/noticias/149882/oab-e-mais-sete-entidades-queremcriminalizar-praticas-art:-sindicaise no sítiohttp://www.jusbrasil.com.br/noticias/83971/oab-recebe-denuncias-decentrais-sobre-criminalizacao-dos-movimentos-sociais>. Acesso em: 10.12.2011.

"648. Los piquetes de huelga que actúan de conformidad con la ley no deben ser objeto de trabas por parte de las autoridades publicas."

"133. Los trabajadores deben poder gozar del derecho de manifestación pacífica para defender sus intereses profesionales".

"134. El derecho a organizar manifestaciones públicas es un aspecto importante de los derechos sindicales..."

Como se constata facilmente, os precedentes da OIT reconhecem os direitos de manifestação e formação de linha de piquete. Como escreve Crivelli, as "*decisões em interditos proibitórios adotadas pelo Judiciário brasileiro — originalmente no Judiciário cível e agora no Judiciário trabalhista —, na maioria das vezes não só impedem a formação de piquetes, impõem distância de 100 metros ou mais às manifestações sindicais e, o que agrava ainda mais as dificuldades para o exercício do direito de greve, as condições dispostas nas decisões levam, na prática, à volta da polícia às portas das empresas que são objeto das tentativas de paralisações.*"[177]

6.3.3. Cautelares, Antecipação de Tutela, Dissídios de Greve e Outras Medidas Judiciais

Quando não logram êxito com os interditos possessórios, os empregadores, não raro, lançam mão de cautelares, antecipações de mérito, dissídios de greve e outras medidas judiciais para coibir piquetes, assembleias, reuniões, carros de som, colocação de faixas e cartazes, quando não a própria greve. Além do Direito Fundamental, esta prática judicial afronta os direitos de reunião e livre manifestação do pensamento.[178] Nessa atuação há ainda uma grave discriminação no tocante aos trabalhadores que têm tolhidos os direitos de livre expressão e de reunião quando paralisam coletivamente o trabalho, exercendo seu direito de pressão e reivindicação.

Cabe aqui a advertência de Cesário[179], endossada por Noemia Porto, no sentido de que a greve, constituindo uma garantia fundamental da classe trabalhadora, tem a seu favor a garantia do seu livre exercício, que autoriza, inclusive, o acesso dos grevistas e de suas lideranças ao estabelecimento empresarial com a finalidade de divulgar a greve e tentar persuadir aqueles que não aderiram ao coletivo obreiro.

No Brasil, desautorizado está o empregador que toma providências (inclusive judiciais) contrárias a tais direitos, não sé em razão das normas e regras já referidas, mas em atenção à Lei de Greve que, conquanto restritiva,

---

(177) CRIVELLI, Ericson. Ob. cit., p. 1429.
(178) PORTO, Noêmia Aparecida Garcia. *Criminalização de condutas sindicais...*" p. 230.
(179) CESÁRIO *Apud* PORTO, Noêmia Aparecida Garcia, *idem*.

dispõe no parágrafo segundo do art. 6º que: *"Art. 6º (...) § 2º É vedado às empresas adotar meios para constranger o empregado ao comparecimento ao trabalho, bem como capazes de frustrar a divulgação do movimento."*

Logo, mesmo a lei brasileira que, em vários momentos, restringe indevidamente a greve, ao arrepio das Convenções e Tratados Internacionais e da própria Constituição Federal, veda expedientes e manobras que visam impedir o direito de reunião, informação e livre divulgação de ideias e movimentos coletivos.

Por outro lado, a atuação repressiva, e muitas vezes prévia, fragiliza, quando não inibe, o exercício de greve e dificulta a sua compreensão pela própria sociedade[180].

A mensagem produzida pelas decisões dos Tribunais é de suma relevância na transmissão e compreensão dos direitos, inclusive e especialmente os fundamentais.[181]

Daí também a preocupação que geram os obstáculos gerados por operadores do direito e julgadores em relação à greve, muitas vezes tratada (ou maltratada) como um simples enunciado programático.

A greve como Direito Fundamental exige cuidado especial na atuação dos Magistrados e membros do Ministério Público, sobretudo no uso de institutos previstos em normas processuais como as cautelares, medidas antecipatórias, dissídios, correições parciais e possessórias. O "ativismo judicial negativo", como aquele que cerceia ou constrange os movimentos laborais paredistas, traz em si a negativa da concreção do Direito de Greve e de todo o arcabouço que por meio dele pode ser protegido ou efetivado (arts. 6º e 7º da CFB).[182]

Campilongo deve ser lembrado aqui quando sentencia que entre nós está *"ocorrendo um perverso fenômeno de utilização do direito para descumprimento do DIREITO por meio de pretextos jurídicos."*[183]

Esse registro é absolutamente pertinente com toda a construçãojurídica antigreve, construída por parte dos operadores do direito e julgadores que admitem os mais diversos remédios processuais para não trazer incômodos aos empregadores e seus clientes (bancos, construção civil, transporte aéreo, serviços em geral etc.).

---

(180) PORTO, Noêmia Aparecida Garcia. Ob. cit., p. 230.
(181) CAMPILONGO, Celso Fernandes. *O direito na sociedade complexa*. 2. ed. São Paulo: Max Limonad, 2000. p. 104.
(182) PORTO, Noêmia Aparecida Garcia. Ob. cit., p. 238.
(183) CAMPILONGO, Celso Fernandes. Ob. cit., p. 238.

Cristiano Paixão e José Geraldo de Sousa Júnior mencionam a *"utilização de expedientes jurídicos múltiplos como forma de inviabilizar o exercício do direito de greve. Esse movimento se iniciou com a Justiça do Trabalho, que, desde a década de 1990, passou a estabelecer patamares mínimos de funcionamento de serviços essenciais, que acabavam por minar a própria mobilização típica de qualquer movimento paredista"*[184].

Vale lembrar, mais uma vez, que a greve deve ser vista do alto dos Tratados e Convenções Internacionais, decisões e interpretações dadas pela OIT e, por fim, da Constituição. Portanto, expedientes processuais e decisões judiciais, assim como regras infraconstitucionais, não podem olvidar o valor da greve na criação e cumprimento de Direitos Sociais, reveladores da dignidade da pessoa humana.

Voltando à questão dos clientes, consumidores e beneficiários de serviços dos empregadores, impõem-se lembrar que a greve traz em si um certo desconforto não só ao empregador, mas a quem com ele lida. Por conseguinte, tal não deve servir de escusa à fragilização desse Direito Fundamental.

O instituto alcança sucesso quando gera prejuízos e constrangimentos ao patrão e, eventualmente, com quem ele mantém algum tipo de vínculo. "Por isso, não há na greve exatamente um conflito entre Direitos Fundamentais, mas a necessidade de compreensão sobre o modo peculiar do atuar desse direito da classe trabalhadora"[185]. Aliás, situação abusiva se consubstanciaria se o direito de clientes e consumidores significasse bloqueio ao exercício de greve, cujo evento é instantâneo e efêmero[186].

Acerca do consumo como valor ideológico norteador das ações do Estado contra grupos e direitos da coletividade, as palavras do sociólogo Z. Baumanm[187] são esclarecedoras: *"...A capacidade e a disposição do capital para comprar trabalho continuam sendo reforçadas com regularidade pelo Estado que faz o possível para manter baixo o 'custo da mão de obra' mediante o desmantelamento dos mecanismos de barganha coletiva e proteção do emprego e pela imposição de freios jurídicos às ações defensivas dos Sindicatos"... "O Estado como um todo, incluindo seus braços jurídico e legislativo, torna-se um executor da soberania do mercado."*

Questionar, manifestar, enfrentar, reivindicar e exigir, por meio do Direito Fundamental de Greve, é uma das expressões máximas da cidadania sindical e tem importância, permitam-me o trocadilho, *fundamental* para o Estado de Direito.

---

(184) PAIXÃO, Cristiano; LOURENÇO FILHO, Ricardo. A repressão à greve e o apagamento da Constituição. Faculdade de Direito da UnB e SINDJUS/DF, Brasília. In: *Constituição e Democracia*, n. 18, dezembro de 2007, p. 3.
(185) PORTO, Noêmia Aparecida Garcia. Ob. cit., p. 242.
(186) PORTO, Noêmia Aparecida Garcia, *idem*.
(187) BAUMAN, Zygmunt. *Vida para consumo*. A transformação das pessoas em mercadoria. Rio de Janeiro: Zahar, 2008. p. 15-16 e 87.

O Estado que torna efetivos os Direitos Fundamentais, que os leva a sério, tem no Judiciário o seu baluarte, que deve dar uma resposta **positiva** aos Direitos Sociais. Recorde-se sobre este tema, correlato com os interditos, os verbetes do Comitê de Liberdade Sindical da OIT de números 133, 134, 519 e 648. Como visto, essa jurisprudência compõe todo um quadro internacional de tutela contra medidas judiciais e administrativas contrárias à greve, à livre manifestação e ao direito de reunião.

Sobre o tema, em decisão prestigiada pelo E. TRT da 17ª Região, o autor dessas linhas decidiu no Dissídio de Greve n. 0018000-35.2012.5.17.0000:

> "Na qualidade de relator, rejeitei o pedido do sindicato patronal para que fosse determinado "que o Suscitado e seus filiados se abstenham de ingressar nos canteiros de obra sem prévia autorização, bem como se abstenha de determinar ou promover a paralisação dos trabalhos já iniciados, obrigando os trabalhadores a deixarem os canteiros de obras; que o Suscitado e seus filiados se abstenham de promover ou incitar quaisquer atos que impeçam o ingresso dos trabalhadores em seus locais de trabalho; ...que seja declarado ilegal e abusivo o movimento paredista deflagrado pelo Suscitado, determinando: que o Suscitado proceda ao imediato retorno dos trabalhadores filiados ao serviço, nos termos e condições contratuais;
>
> que seja autorizado a suscitante a proceder o desconto da parcela salarial correspondente aos dias de paralisação. "Pediu, ainda, caso não houvesse determinação do retorno imediato ao trabalho, "que seja determinado aos Suscitados que disponibilizem, em persistindo o movimento grevista descrito no item 3, 10% do número de empregados lotados em cada canteiro de obras, excluído da base de cálculo o pessoal de escritório, para a manutenção dos canteiros e equipamentos existentes nas obras", cominando-se multa diária de R$ 10.000,00 (dez mil reais) por descumprimento da decisão.
>
> Abaixo exponho as razões da minha decisão (fls. 118/119):
>
> Não pode o juiz, seja a que título for, substituir a vontade dos trabalhadores grevistas, no que pertine à realização do seu movimento:"... la Chambre sociale a affirmé que le juge ne saurait substituer son appréciation à celle des grévistes en ce qui concerne le bien-fondé, ou la légitimité, des revendications. S'il en allait autrement, le juge porterait atteinte au libre exercice d'un droit constitutionnellement reconnu." (Jean-Claude Javillier, in DROIT DU TRAVAIL, 5ª édition — L.G.D.V. [p. 524-525])
>
> "É preciso — dentre outras medidas — garantir ao sindicato liberdade de ação e de acesso no interior da empresa; tirar da Justiça do Trabalho o poder de pôr fim às greves;" (Márcio Túlio Viana — Desembargador (aposentado) TRT 3ª Região. Professor de Direito do Trabalho da UFMG e PUC. Membro do Instituto Brasileiro de Direito Social Cesarino Junior, in Revista do Tribunal Superior do Trabalho — V. 66. N. 01. jan/mar 2000 — p. 147 [destaque nosso])
>
> "A qualificação do direito de greve como direito público de liberdade possui interessantes implicações quanto às direções nas quais se explica a operacionalidade de tal direito. É válida para determinar o âmbito de aplicação da norma na relação entre Estado e cidadão, no sentido de estabelecer que não se pode promulgar nenhuma medida legislativa, administrativa ou JURISDICIONAL contraditória com o direito de greve". (CALAMANDREI, 1952) [destaque nosso]
>
> Ora, tal proceder é justamente o que objetiva o Suscitante, com seu pleito de "que seja declarado ilegal e abusivo o movimento paredista deflagrado pelo Suscitado, determinando: que o Suscitado proceda ao imediato retorno dos trabalhadores filiados ao serviço, nos termos e condições contratuais; que seja autorizado a suscitante a proceder o desconto da parcela salarial correspondente aos dias de paralisação"!

Por outro lado, a greve é, em certas circunstâncias, até recomendável, pois, em caso de sucesso, evita a inadimplência ou a mora generalizada dos empregadores. Em suma, o desrespeito reiterado aos direitos trabalhistas, responsável pelas centenas de milhares de demandas trabalhistas que atravancam o Judiciário do Trabalho!

Sobre o assunto, confira-se as lições dos doutos:"(...)

Ela [a greve] não é simplesmente uma paralisação do trabalho, mas uma cessação temporária do trabalho, com o objetivo de impor a vontade dos trabalhadores ao empregador sob determinados pontos. Ela implica a crença de continuar o contrato, limitando-se a suspendê-lo. (...)"(Alice Monteiro de Barros, in CURSO DE DIREITO DO TRABALHO, 3ª edição — LTr [p. 1278-1279]) "(...)

c) Exercício Coercitivo Coletivo e Direto — A greve, conforme visto, é meio de autotutela, é instrumento direto de pressão coletiva, aproximando-se do exercício direto das próprias razões efetivado por um grupo social. Em certa medida, é 'direito de causar prejuízo', como exposto pelo jurista Washington da Trindade.

(...) O padrão geral das greves é circunscreverem-se às fronteiras do contrato de trabalho, ao âmbito dos interesses econômicos e profissionais dos empregados, que possam ser, de um modo ou de outro, atendidos pelo empregador. Os interesses contemplados em movimentos dessa ordem são, assim, regra geral, meramente econômico-profissionais (isto é, interesses típicos ao contrato de trabalho).

(...)

A Carta Magna brasileira, em contraponto a todas as Constituições anteriores do país, conferiu, efetivamente, amplitude ao direito de greve. É que determinou competir aos trabalhadores a decisão sobre a oportunidade de exercer o direito, assim como decidir a respeito dos interesses que devam por meio dele defender (caput do art. 9º, CF/88). Oportunidade de exercício da greve e interesses a serem nela defendidos, ambos sob decisão dos respectivos trabalhadores, diz a Carta magna.(...)"(Mauricio Godinho Delgado, in CURSO DE DIREITO DO TRABALHO, 6ª edição — LTr [p. 1416-1419])

*Assim, diante do exposto, **indefiro** o pleito de concessão de liminar para impedir a continuidade da greve, direito humano, fundamental e social, constitucionalmente assegurado, bem como, pelos mesmos fundamentos, o pedido alternativo."*

Aspecto importante dessa decisão é que deixa claro que o Magistrado não pode, a que pretexto for, atuar como substituto dos trabalhadores (ou dos empregadores), impondo cessação da greve.[188]

6.4. MULTAS E INDENIZAÇÕES

6.4.1. Multas

As cominações pecuniárias fixadas em interditos possessórios ou "trabalhistas...", cautelares, antecipações de tutela de mérito e Dissídio de Greve aos sindicalistas e às suas entidades sindicais, inclusive em movimentos realizados

---

(188) No sentido da lição de Javillier, transcrito no julgado acima, caminham PÉLISSIER, Jean; AUZERO, Gilles; DOCKES, Emmanuel. *Droit du travail*. 26. ed. Paris: Dalloz, 2012. p. 1423.

diretamente pelos obreiros, denotam um escopo itimidatório, inibindo as ações reivindicatórias, sobretudo quando as sanções são estabelecidas sob a condição de que a greve cesse ou não se realize. Ademais, essas multas, com frequência, excedem em muito a capacidade de pagamento dos sindicatos, afetando o seu regular funcionamento[189].

Diversas são as denúncias de grevistas e organizações obreiras contra a aplicação de multas exorbitantes em razão de realização de greves, assembleias, atos públicos, reuniões, piquetes e distribuição de panfletos.

Noêmia Porto[190] noticia que dessa ação judicial foi imposta uma multa milionária em desfavor do sindicato dos empregados da EMBRAER, pela distribuição de **folders** em frente às fabricas. Em outra oportunidade, um juiz de primeiro grau, para assegurar a entrada de clientes nas agências bancárias de uma determinada instituição financeira, definiu como penalidade ao sindicato uma multa de **R$ 70.000,00 (setenta mil reais)** *por estabelecimento*...[191] Nessa conjuntura antigreve, menciona ainda a multa imposta aos metroviários de São Paulo de R$ 100.000,00 (cem mil reais) em movimento paredista realizado contra terceirização no metrô.[192]

Esse quadro gerou, como já registramos em páginas anteriores, expressiva reação da sociedade organizada, liderada pela OAB Nacional, ANAMATRA, ABRAT, Sindicatos, Centrais Sindicais e outras organizações obreiras, classistas e sociais que, em seminário e em documento formal (Carta de Brasília), condenaram a postura repressiva das lutas e das organizações dos trabalhadores.[193]

E não poderia ser de outro modo, pois essas multas exorbitantes — como nas fixações de indenizações vultosas, repressão dos grevistas por decisão judicial e/ou pelas autoridades policiais, ameaças de tipificação da conduta dos obreiros como crime de desobediência — configuram o que a doutrina contemporânea tem denunciado como **CRIMINALIZAÇÃO** dos movimentos sociais.[194][195]

A postura repressora traduzida nas condutas acima referidas e em outras abordadas ao longo deste estudo, expõe as dificuldades que muitos têm em lidar com os Direitos Fundamentais Sociais sobretudo quando exercidos ou

---

(189) CRIVELLI, Ericson. Ob. cit., p. 1429.
(190) PORTO, Noêmia Aparecida Garcia. Ob. cit., p. 229, 237 e 239.
(191) PORTO, Noêmia Aparecida Garcia. Tal quantia é de aproximadamente US 35.000,00 (trinta e cinco mil) dólares ou • 20.000,00 (vinte mil) euros.
(192) PORTO, Noêmia Aparecida Garcia. Valor equivalente a US 49.000,00 (quarenta e nove mil) dólares ou • 34.000,00 (trinta e quatro mil) euros.
(193) Acerca do tema, além das informações contidas em passagens anteriores, consulte-se PORTO, Noêmia Aparecida Garcia (ob. cit., p. 229).
(194) PORTO, Noêmia Aparecida Garcia. Ob. cit., p. 228 e seguintes, especialmente p. 229, 231, 243 a 250.
(195) ITURRASPE, Francisco. Ob. cit., p. 145.

cobrados pelas camadas mais humildes da sociedade. Francisco Iturraspe com rara felicidade aponta essa dificuldade de compreensão da greve e dos movimentos reivindicatórios obreiros:

> *"Para o Direito do Trabalho tradicional e para o 'pensamento' econômico dominante nos meios de comunicação, a greve é um fenômeno incômodo, 'disfuncional'. Na realidade, trata-se de uma visão extremamente ideologizada e deformada da realidade: A experiência histórica demostra que não é possível a vida social sem conflitos das mais diversas classes e magnitudes e que os conflitos são gerados pelos interesses ou pontos de vista diferentes de seus protagonistas: os grupos sociais e os indivíduos (VÀSQUES, Jorge Renón. Economía y conflicto social. Trabajo y conflicto. La Plata: EFT, 1999).*
>
> *O conflito, em todos os seus níveis e com diversos autores, é um instrumento fundamental de transformação social e o conflito trabalhista, um dos campos-chaves para o desenvolvimento das potencialidades dos trabalhadores como agentes de profundas mudanças sociais: O momento atual das relações sociais, e uma correlação de forças que foi se construindo a partir da resistência às políticas neoliberais, permite observar uma natural conflitividade que se expressa, dentre outras formas, mediante o recurso à greve como característico 'direito para obter direitos'. Os trabalhadores e suas organizações sindicais, embora atores protagonistas na construção democrática e na criação de riqueza, só contam com sua ação coletiva para aspirar a uma distribuição de renda que satisfaça aquele componente democrático de nossa sociedade. Embora o reconhecimento normativo e a finalidade da greve não mereçam dúvidas, em muitos países, a atuação dos poderes públicos está ameaçando seu exercício" (Manifiesto de Caracas. La huelga es un derecho fundamental. Jan. 2006. Disponível em: <www.dialogolaboral.org.ve>*[196]

No que pertine ao tema sob análise, impõe-se o registro da jurisprudência da OIT:

> "670. Las multas que equivalen a un monto máximo de 500 y 1.000 salarios mínimos por día de huelga abusiva son susceptibles de tener un efecto intimidatorio sobre los sindicatos e inhibir sus acciones sindicales reivindicativas legítimas, y mas aun cuando la cancelación de la multa se halla subordinada a la no realización de una nueva huelga que sea considerada abusiva."

Por fim, como fizemos mostrar nos itens anteriores, não cabe ao Magistrado substituir a apreciação dos grevistas quanto à conveniência ou oportunidade do movimento, sob pena de afrontar esse Direito Fundamental.[197] Destarte, incabíveis são ordens judiciais e multas para simplesmente impor o retorno ao trabalho[198].

---

(196) ITURRASPE, Francisco. Ob. cit., p. 141-2.
(197) JAVILLIER, Jean-Claude, in *Droit du travail*. 5. éd. Paris: L.G.D.V., 1996. p. 524-5.
(198) Com Javillier transcrito no julgado acima, caminham PÉLISSIER, Jean; AUZERO, Gilles; DOCKES, Emmanuel. Ob. cit., p. 1423.

6.4.2. Indenizações

Além das multas, não raro são impostas indenizações como medida indireta de limitação da greve, sem atentar para a existência concreta de prejuízos ou para a real dimensão e autoria dos atos tidos como ilícitos ou abusivos. Daí acontecer que, sob o pretexto de combater abusos, a condenação em indenização — como no caso das multas e das decisões em sede de interditos, cautelares, etc. — visa (*aí, sim, ilícita ou abusivamente*) impedir a greve ou obrigar o obreiro a retornar ao trabalho, como se o Magistrado pudesse substituir a vontade dos grevistas pela sua, do Estado ou, ainda, dos empresários, consumidores e meios de comunicação.[199]

Comecemos este ponto com a lembrança de que a liberdade de que deve gozar a atividade empresarial **não** compreende a neutralização do Direito Fundamental de Greve. Ao contrário, a greve restringe o campo de atuação do empresário, limitando inclusive seus "poderes". Logo, a atuação do Magistrado não deve servir de contraponto às limitações trazidas ao empregador pelo movimento coletivo.

Segue a lição do jurista espanhol Luiz Enrique de Villa Gil que, em significativo estudo intitulado "*Las indemnizaciones escandalosas como medida indirecta de limitación del derecho de huelga. Una reflexión general al socaire de un caso particular*", baseado na jurisprudência de seu país, conclui[200]

> "*La STC 123/1992 (BOE 29 oct. Ponente, Sr. Mendizábal Allende) defiende la preeminencia del derecho de huelga frente al poder de dirección empresarial. Pues el derecho de huelga no supone sólo ampliar el campo jurídico del trabajador sino, simultáneamente, restringir el del empresario con la voluntad de compensar la desigualdad que implica por sí misma una relación de subordinación. Incluso si fuera necesario podrían contraponerse los dos derechos, pues su importancia en una Constitución taxonómica como la española es bien dispar; el derecho de huelga como un derecho fundamental (art. 28.1 CE), igualdad en ese rango a los más excelsos derechos de la persona, y la libertad de empresa como un derecho y deber de los ciudadanos (art. 38 CE),, protegidos aquel y este derecho con intensidad bien variable por el art. 53 CE.*"

Adicionamos a estas razões o fato notório, nem sempre devidamente assimilado, de que a greve visa justamente ao prejuízo, ao gravame e ao desconforto. Do que resulta, logicamente, que o simples exercício deste Direito Fundamental, com todos os seus inconvenientes, não constitui fundamento para a condenação por responsabilidade civil.[201]

---

(199) JAVILLIER, Claude. Ob. cit., p. 524-5.
(200) VILLA GIL, Luiz Enrique de. Ob. cit., p. 439.
(201) PÉLLISSIER Jean; SUPIOT, Alain; JEAMMAUD, Antoine. Ob. cit., p. 1460.

Como denuncia Villa Gil, quando o empregador se atreve a solicitar um castigo tão extremo para a conduta obreira, revestindo ou não o seu pedido de condições mínimas para que ofereça (ao menos em tese) alguma pertinência, o que está, em verdade, pondo em prática é uma medida antigreve abertamente inconstitucional.[202]

Tal conduta patronal atenta não só contra o direito de greve, mas também, contra os direitos de livre organização. E, quando a greve é levada a efeito pelo sindicato, ofende também a liberdade sindical.[203]

Aconselha Villa Gil aos obreiros e às suas entidades a não se contentarem apenas em se defender das ações de pretensões de reparação de danos e prejuízos, mas a entrecruzarem-nas com outras demandas de sua autoria, em que exigiriam que os empregadores abstivessem-se de medidas contrárias à greve e que fossem condenados por lesão a Direitos Fundamentais.[204]

Outro aspecto relevante para Villa Gil reside no ônus da prova. Insuficiente é a mera existência de prejuízos em razão da greve, pois este é o seu objetivo; deve estar presente um dano desproporcional e intencional, *alheio aos efeitos naturais da greve*. Mesmo nas greves consideradas "abusivas", "ilícitas" ou "ilegais" a demonstração da existência de um *dano grave, desproporcional e não razoável*, associado ao *dolo* é de rigor,[205] exigindo uma apuração detida regida pelos rigores do contraditório e da ampla defesa, sendo o *onus probandi* de quem alega a presença desses prejuízos excepcionais e extraordinários.

Cabe lembrar aqui, na esteira do que exposto em várias passagens desta obra, que a greve é direito dos trabalhadores exercido coletivamente, independentemente da vontade ou da participação do sindicato. São os obreiros os titulares deste direito. Desse modo, não é aceitável que as entidades sindicais sejam punidas por atos cometidos por grevistas, salvo quando perpetrados sob seu comando.

Péllissier, Supiot e Jeammaud registram que a jurisprudência francesa, atenta à distinção acerca da titularidade do direito de greve, fixa o princípio de que cada grevista exerce individualmente seu direito, daí porque não pode ser atribuída a responsabilidade ao sindicato quando do exercício do direito de greve. Os atos ilícitos (destruição, violência etc.) cometidos pelos grevistas não acarretarão a responsabilidade da entidade obreira.[206][207]

---

(202) VILLA GIL, Luiz Enrique de. Ob. cit., p. 454.
(203) VILLA GIL, Luiz Enrique de. Ob. cit., p. 454-5.
(204) VILLA GIL, Luiz Enrique de. Ob. cit., p. 455.
(205) VILLA GIL, Luiz Enrique menciona nesse sentido a posição do Tribunal Constitucional Espanhol, ob. cit., p. 441, 443-5.
(206) PÉLLISSIER Jean; SUPIOT, Alain; JEAMMAUD, Antoine. Ob. cit., p. 1461.
(207) LARDY-PELISSIER, Bernadette; PELISSIER, Jean; ROSELT, Agnès; THOLY, Lysiane. In: *Le nouveau code du travail annoté*, 29ème édition, Paris: 2009, Groupe Revue Fiduciaire recortam vários arestos sobre o tema nas páginas 875-6:

6.5. SANÇÕES AOS GREVISTAS

Infelizmente ainda presenciamos atos e procedimentos antigreve traduzidos em discriminação, punição ou despedida de dirigentes e ativistas sindicais ou, mais grave ainda, daqueles que simplesmente participaram de movimentos grevistas.

Outro tipo de discriminação encontramos nas tentativas de remunerar de forma diferenciada aqueles que participam ou não de movimentos paredistas, seja por meio de suspensão de vantagens ou parcelas recebidas normalmente seja por meio de instituição de prêmios ou qualquer outra retribuição para quem não integre o movimento.

"Responsabilité civile des syndicats
Les syndicats — comme les délégués syndicaux — ne peuvent, du seul fait de leur participation à l'organisation d'une grève licite, être declarés responsables de plein droit de toutes les conséquences dommageables d'abus commis au cours de celle-ci (cass. Soc. 9 novembre 1982, BC V n. 614).
En effet, "même lorsqu'ils sont représentants du syndicat auprès de l'employeur ou des organes représentatifs du personnel au sein de l'entreprise, les grévistes ne cessent pas d'exercer individuellement le droit de grève et n'engagent pas, par les actes illicites auxquels ils peuvent se livrer, la responsabilité des syndicats auxquels ils appartiennent" (cass. Soc. 17 juillet 1990, BC V n. 375; CSB 1990 A. 48); voir aussi, en ce sens, cass. Soc. 19 décembre 1990, BC V n. 698.
La Cour de cassation a precisé que les syndicats n'étant pas les commettants des grévistes, Il ne peut leur être fait grief d'une abstention, par exemple en ne donnant pas de consignes de prudence, voire en ne désavouant pas les violences commises (Cass. Soc. 9 novembre 1982, BC V n. 615).
Par ailleurs, le fait que les délégués syndicaux, auxquels des agissements répréhensibles sont reproches, soient les mandataires du syndicat dans l'exercise de leurs fonctions ne suffit pas à engager la responsabilité du syndicat: en déclarant un syndicat responsable des dommages causés à une société du fait de la grève, sans constater la participation effective de ce syndicat aux agissements abusifs constates, une cour d'appel a viole l'article 1382 CC (cass. Soc. 21 janvier 1987, BC V n. 27; Dr. Soc. 1987, p. 426: "La responsabilité civile du syndicat et de ses délégués à l'occasion d'un conflit du travail", J-E. Ray).
La responsabilité civile d'un syndicat, même s'il a soutenu une grève, ne peut être engagée que s'il a activement participé aux actes illicites commis à l'occasion de cette grève ou s'il en a été l'investigateur. La responsabilité d'um syndicat dans les agissements illicites commis au cours d'une grève doit être écartée, en l'absence de tout agissement positif de son représentant, de toute incitation active à commettre un acte illicite et de toute participation délibérée à un tel acte, la seule présence du secrétaire du syndicat le jour de l'obstruction des locaux ne caractérisant pas um agissement fautif du syndicat (Cass. Soc. 29 janvier 2003, n. 00-22.290, JSL n. 123, 13 mai 2003, p. 23). En revanche, la responsabilité civile a pu être retenue, s'agissant d'un syndicat conducteur d'une grève avec notamment occupation des locaux (Cass. Soc. 9 novembre 1982, BC V n. 614), d'un syndicat instigateur et organisateur d'um mouvement illicite (Cass. Soc. 26 janvier 2000, BC V n. 38; 11 janvier 2006, n. 04-16.114, BC V n. 4; RJS 3/06 n. 377 et PP. 201 et s. "Responsabilité civile des organisations professionnelles de transporteurs", avis J. Duplat), ou en cas de grève avec entraves au libre accès de l'entreprise et à la libertè du travail effectuées sur les instructions du syndicat (Cass. Soc. 30 janvier 1991, BC V n. 40; 19 octobre 1994, LS lég. soc. n. 7149, p. 11).
Action en référé de l'employeur aux fins d'expulsion des locaux: en cas d'occupation illicite des locaux, le juge des referes qui ordonne l'expulsion des grévistes ne peut mettre à la charge des syndicats une astreinte par jour de retard que s'il constate qu'ils étaient impliqués dans cette occupation (Cass. Soc. 22 juin 2004, n. 02-15.500, BC V n. 174; RJS 11/04 n. 1188).

Abaixo transcrevemos aresto que aborda um caso assaz interessante:

ACÓRDÃO — TRT 17ª Região — 0004000-30.2012.5.17.0000

"CONDUTA ANTISSINDICAL E CONTRÁRIA AO DIREITO HUMANO FUNDAMENTAL DE GREVE. ATO DISCRIMINATÓRIO CONTRA OS GREVISTAS E DE ESTÍMULO AO FURA-GREVE

A Suscitante, em represália ao movimento paredista, deixou de efetuar a entrega das cestas natalinas aos trabalhadores que a ele aderiram, o que não pode ter o aval desta Especializada.

Ora, se a Constituição Federal, em seu art. 9º, assegura aos trabalhadores o direito de greve, permitir que o empregador use de represálias para impedir a manutenção do movimento, reprimindo os trabalhadores que a ele aderirem ao deixá-los em falta de necessidades básicas, é o mesmo que ir contra o que dispõe nossa Carta Magna.

Tal procedimento, também, assemelharia o judiciário ao fura-greve, aquele que, segundo Márcio Túlio Viana, 'dificulta ou inviabiliza o direito real da maioria. O que faz não é apenas trabalhar, mas — com perdão do trocadilho infame — atrapalhar o movimento. Ele realmente fura a greve, como se abrisse um buraco num cano de água. E o seu gesto também tem algo de simbólico: mostra que a identidade operária não é coesa, que há resistências internas.'

Assim, se a greve é um direito do trabalhador, não é legal que se permita sua repressão sonegando os direitos daqueles que, legalmente, resolvem aderir ao movimento.

Do exposto, defiro a reivindicação do Suscitado para que a Suscitante forneça aos trabalhadores que participaram do movimento paredista a cesta natalina." Desembargador Relator Claudio Armando Couce de Menezes. Desembargador Revisor Gerson Fernando da Sylveira Novais.

A lei francesa reagiu com rigor às medidas discriminatórias contra a greve, notadamente em matéria de remuneração e vantagens sociais. Com efeito, o art. L. 2.511-1[208] veda expressamente essas práticas. Assim, absolutamente incabível é a concessão de prêmios salariais ou benefícios de outra natureza a quem "fura" a greve ou de outra forma a boicota.[209]

---

(208) "...Son exercice peut donner lieu à aucune mesure discriminatoire telle que mentionnée à l'article L. 1132-2, notamment en matière de rémunérations et d'avantages sociaux..."

(209) A jurisprudência francesa vai no mesmo sentido, "qu'est discriminatoire L'attribution par l'employeur d'une prime aux salariés selon qu'ils ont participé ou non à um mouvement de greve" (La Cour de Cassation, l'arrêt de 1er juin 2010) RAY, Jean-Emmanuel in **Droit du Travail Droit Vivant**, , 20e édition, 2011/2012. Editions Liaisons, p. 675. Si l'employeur est em droit de tenir compte des absences motivées par la grève, à l'occasion de l'attribution d'une prime destinée à récompenser une assiduité profitable à l'enterprise, c'est à la condition que toutes les absences, autorisées ou non, entraînent les mêmes conséquences (cass. Soc. 16 février 1994, BC V n. 5; 16 janvier 2008, n. 06-42.983, BC V n. 11; JCP éd. G 2008.IV.1300). "Que l'exercice du droit de grève ne doit donner lieu à aucune sanction directe ou indirecte et que la décision prise après la grève par l'employeur de créer une prime et d'en faire varier le montant suivant que les salariés ont fait grève ou non constitue une mesure discriminatoire à l'encontre des seuls grévistes (Cass. Soc. 15 octobre 1981, BC V n. 785; JS 1981 F 103; voir aussi 2 mars 1994, BC V n.75)" "que la somme due en vertu d'un contrat d'intéressement constitue un avantage social au sens de l'article L. 521-1 [L.2511-1] CT et que as réduction pour absences motivées par l'exercice du droit de grève constitue une mesure discriminatoire interdite par ce texte dès lors que certaines absences pour maladie ne donnent pas lieu à réduction (Cass. Soc. 6 novembre 1991, BC V n. 471) "que c'est par une exacte application des dispositions d'une convention collective selon lesquelles

Por outro lado, as dispensas de grevistas, dirigentes sindicais, representantes de pessoal e delegados sindicais são analisadas com o devido cuidado pela jurisprudência francesa.[210]

A dispensa de grevistas ou ativistas sindicais no Brasil em razão de greve, ato discriminatório por excelência, infelizmente não é incomum. Para combater essa prática, além dos preceitos constitucionais e legais que tratam da proteção ao exercício desse Direito Fundamental, podemos citar os arts. 1º e 2º da Convenção Internacional do Trabalho n. 98, Lei n. 9.029/95 e a própria Lei de Greve que, apesar de suas fragilidades constitucionais, limitações teóricas e práticas, veda atos de constrangimento e com objetivos de frustrar o movimento paredista (art. 6º, § 2º, da Lei n. 7.783/89). Sobre o tema vale mencionar a decisão do E. TST de ilustrada relatoria, noticiada abaixo[211]:

> *"23/2/2012 — A Justiça do Trabalho utilizou duas convenções da Organização Internacional do Trabalho (OIT) para condenar a Companhia Minuano de Alimentos por prática antissindical na demissão de um trabalhador que participou de greve. A Primeira Turma do Tribunal Superior do Trabalho não conheceu de recurso da empresa e manteve decisão do Tribunal Regional do Trabalho da 12ª Região (SC) que condenou a companhia a indenizar o ex-empregado com o pagamento em dobro das verbas trabalhistas (salários, férias, 13º salário etc.). O relator, ministro Vieira de Mello Filho, assinalou que, embora ainda não seja habitual no Direito do Trabalho, a utilização de normas internacionais ratificadas pelo Congresso Nacional está consagrada e não há dúvidas quanto à sua vigência e eficácia.*
>
> *O TRT-SC usou como fundamento para a condenação a Lei n. 9.029/95 e a Convenção n. 111 da OIT. Os dois dispositivos proíbem práticas discriminatórias nas relações de trabalho. No exame do recurso de revista, o ministro Vieira de Mello Filho observou que, sem prejuízo da aplicação da Convenção n. 111, que trata da discriminação em matéria de emprego e profissão, a questão tratada no processo se refere diretamente a outra norma internacional, a Convenção n. 98 da OIT, ratificada pelo Decreto Legislativo n. 49/52, que garante o direito de sindicalização e de negociação coletiva. "De acordo com o art. 1º dessa Convenção, todos os trabalhadores devem ser protegidos de atos discriminatórios que atentem contra a liberdade sindical, não só referentes à associação ou direção de entidades sindicais, mas também quanto à participação de atos reivindicatórios ou de manifestação política e ideológica", ressaltou.*

---

le paiement d'un jour férié est subordonné à l'accomplissement à lá fois de la dernière journée de travail précédant et de la première journée suivant le jour férié et est dû < si l'absence d'une de ces deux journées a été autorisée par l'employeur>, qu'une cour d'appel a décidé que si la convention collective ne visait pas expressément l'absence pour fait de grève , celle-ci ne pouvait être assimilée à une absence non autorisée, et donc injustifiée (cass. soc. 14 mars 1985, BC V n. 174" "que constitue une mesure discriminatoire la prise em considération de la suspension du contrat de travail résultant de l'exercice du doit de grève pour retarder l'ancienneté d'un salarié et le bénéfice de l'augmentation de salaire liée à cette ancienneté, alors que la convention collective applicable prévoit que toutes les périodes d'absence ne suspendent pas le droit à un avancement à l'ancienneté (Cass. Soc. 9 février 2000, BC V n. 58; RJS 3/00 n. 314; 5 février 2002, n. 99-44.617, TPS mai 2002, n. 147" Arestos citados por LARDY-PELISSIER, Bernadette; PELISSIER, Jean; ROSELT, Agnès; THOLY, Lysiane, ob. cit. 879/880
(210) LARDY-PELISSIER, Bernadette; PELISSIER, Jean; ROSELT, Agnès; THOLY, Lysiane. Ob. cit.
(211) Fonte: Notícias do TST, disponível no site: <www.tst.jus.br>, Processo n. TST-RR-77200-27.2007.5.12.0019, Relator Ministro Vieira de Mello Filho.

O autor da ação prestou serviço na Minuano como auxiliar de frigorífico de maio de 2005 a abril de 2007, quando foi demitido por justa causa junto com um grupo de 19 pessoas, afastadas depois de participarem de movimento grevista iniciado por atraso no pagamento de salários. O juízo da 1ª Vara do Trabalho de Jaraguá do Sul (SC) não acolheu a tese de discriminação defendida pelo trabalhador, mas transformou a dispensa por justa causa em imotivada, garantindo ao trabalhador todos os direitos decorrentes desse tipo de afastamento. A sentença condenou ainda a empresa ao pagamento de indenização por dano moral, no valor de R$ 3 mil, devido às humilhações sofridas pelo trabalhador no processo de demissão, quando teve de sair das dependências da companhia escoltado por seguranças.

O TRT-SC, ao acolher recurso do ex-empregado, acrescentou à condenação a indenização com base no artigo primeiro da Lei n. 9.029/95, que cita especificamente as discriminações por "sexo, origem, raça, cor, estado civil, situação familiar ou idade". Embora a participação em greve não esteja especificada na lei, o TRT entendeu que, devido aos dispositivos da Constituição que tratam da dignidade da pessoa humana e à Convenção n. 111 da OIT, que cuida mais diretamente do tema, a norma legal não poderia ser considerada textualmente, devendo abranger também esse tipo de discriminação.

A empresa recorreu ao TST com o argumento de que o Regional extrapolou ao utilizar a lei para combater uma discriminação que não consta nela. A tese, porém, não foi aceita pela Primeira Turma do Tribunal. Para o ministro Vieira de Mello Filho, a decisão do TRT, que aplicou analogicamente a Lei n. 9.029/95 para punir e coibir o ato antissindical, "revela a plena observação do princípio da liberdade sindical e da não discriminação, em consagração à eficácia plena do art. 1º da Convenção n. 98 da OIT, no sentido de promover a proteção adequada contra quaisquer atos atentatórios à liberdade sindical". A decisão foi unânime.

(Augusto Fontenele e Carmem Feijó)

Processo: RR - 77200-27.2007.5.12.0019"

Regionais também rejeitam as condutas discriminatórias antigreve:

"*JUSTA CAUSA. Em razão de participação de greve por melhores condições de trabalho, a reclamada despediu por justa causa aproximadamente 80 empregados, dentre eles o ora reclamante que ajuizou reclamatória para anular a dispensa, reivindicando saldo de salário, verbas rescisórias, multas dos arts. 467 e 477, § 8º, da CLT, férias, 13º salário, FGTS e multa de 40%, seguro-desemprego, indenização por dano material equivalente ao Imposto de Renda e INSS, honorários advocatícios. Com apoio na prova oral produzida nos autos, o Juízo a quo firmou seu convencimento para afastar a justa causa, anulando a dispensa, nestes termos, verbis (fls. 104v/107v): 1. DA JUSTA CAUSA 1.1 DAS ALEGAÇÕES Alega em síntese o autor que foi dispensado por justa causa, por desídia, a teor da alínea "e" do art. 482 da CLT. Alega que os empregados do réu reivindicavam um aumento do valor do vale-alimentação, o qual não foi atendido. Alega que também há tempo os trabalhadores vinham trabalhando em condições que colocavam em risco sua saúde. E assim também reivindicavam melhores condições de trabalho. Alega que orientados pelo sindicato, todos os trabalhadores entraram em greve no dia 6.12.2011, retornando por volta do dia 19.12.2011. E que no dia 5.1.2012 novamente entraram em greve, diante a ausência de propostas por parte da reclamada. Alega que todos os empregados foram dispensados por justa causa. Afirma que a reclamada perdeu o contrato com a Samarco e que por este motivo teve que dispensar todos os empregados, e o fez por justa causa. Já a reclamada alega que os trabalhadores da empresa entraram em greve reivindicando reajuste de vale-alimentação. Alega que a reivindicação e a paralisação eram abusivas, porque existe negociação coletiva vigente. Nega que as condições de trabalho eram ruins. Informa que a empresa é reconhecida mundialmente pelo respeito e idoneidade que dedica a seus clientes e colaboradores, possuindo técnicas e equipamentos de última geração. Aduz que em virtude do pleito da categoria, os* sindicatos representativos das categorias profissional e econômica sentaram à mesa de negociação junto ao Ministério Público do Trabalho, tendo aceito a proposta efetuada pela Procuradora Chefe do MPT, cuja eficácia estaria condicionada à assembleia dos trabalhadores. Alega que com a celebração da nova convenção, foi encerrado o movimento paredista e os trabalhadores da SAMARCO retornaram ao trabalho, não tendo retornado, no entanto, os empregados da ré, a exemplo do autor, o que fez com que a SAMARCO rompesse o contrato de prestação de serviços. Alega que a paralisação ocorrida no período de 6.12.2011 a 22.12.2011 foi considerada lícita pela ré e pela Samarco. E que aquela iniciada após a celebração do acordo coletivo 2011-2012 foi arbitrária, o que legitimou a dispensa por justa causa dado o comportamento desidioso. Por fim, sustenta que a manifestação dos trabalhadores não foi pacífica eis que os mesmos impediram o acesso de quem não queria fazer a greve, mediante ameaça, causando dano ao patrimônio da empresa. DO MOVIMENTO GREVISTA E A DESÍDIA Depoimento da preposta da ré : "que foram dispensados todos os trabalhadores referentes ao contrato mantido com a Samarco, sendo todos por justa causa; que não sabe se foram mandados por justa causa também aqueles que estavam em férias; que no entanto houve uma equipe que trabalhava na desmobilização dos equipamentos que não foram mandadas embora por justa causa; que eram 10 pessoas; (...) que estas pessoas não participaram da greve"(f.20) Em quase 16 anos de magistratura, esta magistrada nunca presenciou o que se vê nestes autos: dispensa coletiva de praticamente todos os empregados de uma obra, cerca de 80, por justa causa, em virtude de participação em paralisação. A reclamada passa tantas linhas discorrendo sobre o fato de ser uma empresa de renome internacional, que assegura boa qualidade de serviços a seus cliente, e comete grave erro contra seus empregados. O motivo da dispensa dessa massa de trabalhadores (sim, massa, porque não foram tratados individualmente, e sim como um gado, sem individualidade) está claro na defesa. E não foi a paralisação que ocorreu em janeiro de 2012, foi o rompimento do contrato com a empresa cliente, Samarco, o que resultou na necessidade de redução de quadro. A paralisação é incontroversa. Também é incontroverso que os trabalhadores, não só os da ré, mas da empresa cliente SAMARCO (vide defesa) estavam descontentes com o valor praticado a título de auxílio-alimentação. Tanto que houve uma paralisação, de todos esses trabalhadores, no final do ano de 2011, a qual a reclamada afirma ter considerado legítima, não tendo descontado os salários. O que se questiona é a paralisação que se seguiu, em janeiro de 2012, pelos empregados do réu. Primeiramente, não há nenhuma prova da prática de ato de vandalismo pelo autor. Aliás, de nenhum dos trabalhadores em lides similares já examinadas. Ademais, se houvesse, a verificação do ato deveria ocorrer individualmente, de forma concreta, pois trata-se de justa causa, a máxima penalidade que pode sofrer o empregado durante a relação empregatícia, não se admitindo tratamento em bloco, sem individualização, como pretendido e executado pela reclamada. A própria preposta da reclamada, nos autos da RT 0000900-02.2012.5.17.0151 (cujos depoimentos foram utilizados como prova emprestada por ambas as partes. Vide Ata e f. 44) disse que "não houve aplicação de advertência ou punição aos trabalhadores que praticaram vandalismo, porque não foi possível identificá-los". Também a testemunha arrolada pela reclamada, naqueles autos, atestou: "que não tem conhecimento de atos de vandalismo de empregados da primeira ré na área da segunda ré que tenham ocorrido nos 02 dias em que os trabalhadores compareceram ao local de trabalho" (testemunha Alex Freitas. Vide f. 46). Ou seja, a reclamada falta com a verdade em juízo, pois não houve os alegados atos de vandalismo. E se houve, seus autores permanecem no anonimato, não tendo sua identidade reconhecida pela ré. Observe-se que a mesma testemunha, repito, arrolada pela reclamada, reconhece que os trabalhadores compareceram nos primeiros dois dias para trabalhar, mas permaneceram reunidos na empresa, sem prestarem serviços, quando tiveram os seus crachás bloqueados pela SAMARCO, não podendo mais ingressar nas dependências da referida empresa. Foi deflagrado novo movimento grevista (portanto era de ciência da reclamada), apenas com os empregados da reclamada, a qual se negou a negociar pelo fato de existir acordo em vigência (palavras da preposta da reclamada nos autos da RT 009/2012 - f. 44). O motivo da paralisação era este: o descontentamento com o valor do auxílio-alimentação, não havendo prova efetiva de outro motivo, tampouco as más condições de trabalho. E não obstante o acordo *coletivo firmado e a falta de bom-senso do sindicato dos trabalhadores ao incitá-los à paralisação após a negociação, a reclamada teve uma inabilidade gritante em contornar a situação. Faltou gerenciamento de crise. Faltou bom-senso e faltou legalidade na dispensa por justa causa de todos os trabalhadores, alguns recém-retornados das férias, e sem rumo certo a seguir no meio de um movimento paredista, com os crachás bloqueados. Em Direito do Trabalho a justa causa é a penalidade máxima, admitida quando verificada a prática de ato doloso ou culposo que inviabilize a continuidade do trabalho, a tanto não se traduzindo, obviamente, a participação do reclamante em paralisação momentânea de suas atividades laborais, realizada de forma pacífica para reivindicação de melhores condições de trabalho. Não se tipifica, na hipótese, a desídia alegada pela ré para justificar a justa causa imputada ao autor e a todas as outras dezenas de trabalhadores. O ordenamento jurídico prevê penas mais leves para as faltas mais leves, a exemplo da advertência, a suspensão ou mesmo o desconto dos salários. Por mais que o comportamento dos trabalhadores, incitados pelo sindicato, pudesse ser considerado como falta que atentava ao dever legal do empregado de prestar serviços, o ocorrido não tem o quilate suficiente a ensejar a justa causa, sendo evidente a desconformidade entre a dimensão da falta cometida e a extensão da punição perpetrada, até porque, o direito de greve é direito constitucional, regulamentado pela Lei n. 7.783/89, que dispõe: "considera-se legítimo exercício do direito de greve a suspensão coletiva, temporária e pacífica, total ou parcial, de prestação pessoal de serviços a empregador". Além disso, não obstante a reclamada tivesse plena ciência da deflagração do movimento, ainda que se identificasse a ausência de assembleia no âmbito do sindicato e a ausência de formalização da ciência prévia ao empregador, não haveria autorização à resolução do contrato por justa causa de todos os empregados, alguns no retorno das férias, os quais tiveram seus crachás de acesso ao local de trabalho bloqueados após dois dias de paralisação, não obstante tivesse sido absolutamente pacífico o movimento. Esta hipótese de justa causa não existe no ordenamento jurídico nacional. A jurisprudência é pacífica: "JUSTA CAUSA. GREVE. Age com rigor excessivo o empregador que despede o empregado por justa causa, diante de sua participação em movimento grevista. A luta por melhores condições de trabalho não pode ser qualificada como ato de indisciplina ou insubordinação". (Tribunal 21ª região — Acórdão n. 13181 — Relator Juiz Marcus Pina Mugnaini — Terceira Turma — Publicado no DJ/SC em 17.12.2001) "Paralisação dos serviços — Justa causa indevida — Excesso de rigor punitivo. A dispensa por justa causa dos empregados da reclamada envolvidos com a paralisação de serviços por insatisfação salarial foi deveras excessiva diante do seu passado disciplinar íntegro. Não pode o empregador extrapolar seu poderes de mando despedindo empregados sob pena de ressarcir-lhes as verbas rescisórias o que é a hipótese vertente. Assim devidos os títulos indenizatórios bem como a indenização compensatória do seguro-desemprego". (Tribunal: 21ª região — acórdão n.: 17.460 — decisão: 12.5.98 — DOE 23.7.98 — Relator Pedro Ricardo Filho). Diante do exposto e restando evidente que ao promover a dispensa indiscriminada, por justa causa, de todos os empregados, a reclamada visou transferir aos trabalhadores o risco do negócio (dividindo perdas advindas do rompimento de um contrato de prestação de serviços com a Samarco, cuja causa, inclusive, não pode ser atribuída somente à paralisação, ante a ausência de provas neste sentido), tem-se por nulas as dispensas por justa causa praticadas, fazendo jus o autor ao pagamento de todas as verbas resilitórias (...). Mantenho a sentença, por seus jurídicos fundamentos, nos termos do art. 895, § 1º, IV, da CLT. Nego provimento. (Relator Gérson Novaes, 1ª Turma do TRT da 17ª Região)*

As relações laborais são marcadas pela desigualdade, sendo que no plano coletivo o trabalhador consegue alguma eficácia nas suas reivindicações, mesmo assim depende muito da possibilidade de realizar efetivamente a greve, reuniões, assembleias, piquetes, atos de convencimento e propaganda e a negociação coletiva.

A precariedade, a flexibilização, o regime de instabilidade no emprego, a flutuação e o deslocamento das empresas já são suficientes para o enfraquecimento dos movimentos coletivos e sindicais. De modo que os trabalhadores não precisam da dose extra que é a repressão das atividades sindicais e grevistas.

Os objetivos de produtividade e satisfação dos consumidores não podem ser alcançados pelo desrespeito aos Direitos Fundamentais Sociais. Estes devem ser dotados de coercibilidade e resguardados de medidas administrativas, judiciais e policiais.

Mais uma vez merece repúdio a utilização da legislação e do aparato estatal, inclusive da polícia e das forças de segurança em geral, para reprimir ou coibir a greve.

A volta da polícia à porta das fábricas, propriedades agrícolas, estabelecimentos bancários e de serviços por força de determinações judiciais (ou não), em um contexto explícito ou implícito de **criminalização da greve**, não encontra boa acolhida na OIT, tampouco na doutrina que se debruça sobre o tema.[212]

Acerca da questão, vale destacar a rejeição que mereceu esse procedimento na Argentina. Confira-se o teor da nota publicada no jornal Clarín por Horacio David Meguira (*director del departamento juridico de Lacta*)[213]:

"*EL DERECHO DE HUELGA NO DEBE SER PENALIZADO*

> *Advertimos desde esta columna la **alta conflictividad** que se avecinaba y que **un sector de los trabajadores no iba a tolerar la rebaja del salario real**. Si sumamos el retraso en la elevación del mínimo no imponible y **los topes para percibir las asignaciones familiares**, vemos que se ha generalizado en los trabajadores un fuerte descontento.*
>
> *La huelga es un **derecho fundamental** que tiene nivel constitucional, cuyo único límite para su ejercicio es la afectación de los servicios esenciales. Estos están enumerados taxativamente en la ley y el transporte no está considerado como servicio esencial.*
>
> *Existe una Comisión de Garantías, que tiene facultades de ampliar el concepto de servicio esencial y podría extenderlo en mérito de la duración e importancia y calificarlo como un servicio público de importancia trascendental.*
>
> *El Ministro de Trabajo se limitó a dictar la conciliación obligatoria y aplicar multas por el no acatamiento. En varias oportunidades, los organismos de control de la OIT han insistido que se requieren dos*

---

(212) ITURRASPE, Francisco. Ob. cit., p. 145. Confira-se ainda: PORTO, Noemia. Ob. cit., p. 228 e seguintes e CRIVELLI, Ericson. Ob. cit., p. 1429, que cita os verbetes n. 150 e 646 do Comitê de Liberdade Sindical e da Comissão de Aplicação de Normas da OIT.
(213) MEGUIRA, Horacio David. *El derecho de huelga no debe ser penalizado*. Matéria publicada no *Jornal Clarín*, Buenos Aires, 22.06.12.

requisitos para la intervención de la autoridad en un conflicto: confianza de las partes e independencia del órgano que la aplica. Evidentemente no parece que el Gobierno sea portador de dichas virtudes.

El vicepresidente anunció la aplicación de la ley de abastecimiento, que está dirigida a las empresas que se nieguen a la distribución de productos o servicios que afecten a la población y que impidan la actividad.

No contempla a la huelga.

Tampoco el sujeto ni la actividad que se intenta limitar es el sindicato o los trabajadores. Igualmente, en el 2002 un dictamen de la Procuración del Tesoro se refiere a que "las facultades previstas por la ley de abastecimiento se encuentran suspendidas".

*Pero nuestra mayor preocupación radica en las **denuncias penales contra las autoridades del sindicato titular del derecho de la huelga**, más teniendo en vigencia la ley antiterrorista. Se les imputa a sus titulares el delito de amenazas, amenazas agravadas y cortes de ruta. Nuevamente la **penalización de un derecho constitucional denota un desapego a la ley y refleja una tendencia cada vez mayor al autoritarismo del Poder Ejecutivo**. Nadie puede ser condenado por el ejercicio de un derecho, más tratándose de un derecho fundamental como la huelga, que es la base y el sustento de otros derechos de los trabajadores.*

***Se insiste en entender a la huelga como delito y se busca que encaje en la tipicidad**. Es lamentable que se pretenda rastrillar los Códigos Penales y Contravencionales para proceder a "las pesca de tipos" y a su elastización con el objeto de atrapar estas conductas, que pertenecen al ámbito de ejercicio de la libertad ciudadana. Convertirla en delito es justamente anular el sentido de ser de su ejercicio.*

*Es evidente que se busca alguna medida ejemplificadora. Si denuncian penalmente al Secretario General de la CGT por efectuar una huelga que busca una modificación de normas generales, ¿**qué quedará luego para otras manifestaciones de protestas de pequeños colectivos sin presencia mediática o poder en sus diversas formas**? Esperamos que ningún Juez de la Nación se preste a semejante maniobra."*

Nas Américas em geral, esse quadro é denunciado por Iturraspe: "A culminação de tal processo restritivo da greve completa-se com o tantas vezes utilizado recurso da "criminalização" das formas de ação coletiva, para o que muitas vezes e em muitos âmbitos há apressados promotores ou juízes do foro criminal dispostos. Também há que destacar o retrocesso que significa a manutenção ou a sanção de tipos penais, que castigam o exercício do direito de greve."[214]

---

(214) ITURRASPE, Francisco. Ob. cit., p. 145.

Outros aspectos relevantes sob a ótica de uma postura contrária à greve podem aqui ser citados: desconto salarial dos trabalhadores em razão da paralisação dos serviços; proibição ou restrição ao seu exercício na atividade pública[215]; estipulação de restrições ou proibições "em atividades essenciais ou indispensáveis ao funcionamento da empresa" em patamares aleatórios, arbitrários ou considerando apenas os interesses empresariais; transferência das tarefas dos grevistas para empregados de uma terceira empresa[216]; alteração do local de serviço de grevistas ou não.[217] Pelas limitações de espaço e tempo não enfrentaremos essas questões que, todavia, exigem também uma imediata reflexão teórica.

---

(215) Sobre o tema, no direito brasileiro, consulte-se, entre outros, BEZERRA LEITE, Carlos Henrique. *A greve do servidor público civil e os direitos humanos*. Artigo publicado no *site* do planalto, disponível no sítio eletrônico: <www.planalto.gov.br/ccivil_03/revista/Rev_34/.../Art carlos.htm>. Acesso em: 30.11.2012.
(216) O direito português rechaça expressamente tal conduta no art. 596, 2, do Código do Trabalho de Portugal: "Art. 596 — Proibição de substituição dos grevistas
1 — *omissis*
2 — A concreta tarefa desempenhada pelo trabalhador em greve não pode, durante esse período, ser realizada por empresa especialmente contratada para o efeito, salvo no caso de não estarem garantidos a satisfação das necessidades sociais impreteríveis ou os serviços necessários à segurança e manutenção do equipamento e instalações."
(217) GRAU, Antonio Pedro Baylos. El derecho de huelga. In: NAVARRO, Antonio V. Sempere (Director). *El modelo social en la Constitución Española de 1978*. Madrid: Ministerio de Trabajo e asuntos sociales, 2003. p. 604: "... el empresario no puede utilizar las facultades de movilidad funcional de los trabajadores para sustituir a los trabajadores huelguistas por trabajadores de la propia plantilla que no se sumen a la medida de presión, ni tampoco las que le facultan a la movilidad geográfica con el mismo motivo, ni, en fin, cualquier acto de disposición de personal del que derive una restricción u obstáculo al derecho de huelga".

CONCLUSÕES

Os Direitos Humanos não devem ser táticas ou instrumentos retóricos das nações capitalistas desenvolvidas, mas meio eficaz para superar as desigualdades e injustiças que assolam o nosso mundo, hoje dominado pela ideologia e pelas práticas de mercado que elegem o lucro, a produção e o consumo como finalidades principais da nossa sociedade.

Os Direitos Fundamentais Sociais constituem uma exigência inarredável do exercício efetivo das liberdades e garantias da igualdade de oportunidades inerentes à noção de uma democracia e de um Estado de Direito cujo conteúdo não seja meramente formal, mas, sim, pelo valor da justiça material.[218] Daí a importância dos Direitos Fundamentais Sociais encontrarem previsão expressa na Constituição como ocorre no Brasil com os direitos à Saúde e ao Lazer (Art. 6º); Direitos do Trabalho, Sindicais (Arts. 7º e 8º) e Coletivos (Arts. 9º, 10 e 11).

Vale mencionar ainda os Direitos Fundamentais Sociais que vêm recebendo uma atenção especial das constituições, leis, doutrina, jurisprudência e de instrumentos normativos internacionais, tais como o direito ao meio ambiente e à qualidade de vida, liberdade e intimidade frente à informática, bancos de dados, meios de comunicação etc.[219] Muitas vezes isso ocorre em função do reconhecimento de novos conteúdos para alguns direitos já tradicionais em uma ótica de uma interpretação das normas constitucionais e infraconstitucionais de acordo com os Direitos Fundamentais.[220]

Intimamente vinculada com o tema dos Direitos Humanos e Fundamentais é a concepção da progressividade dos Direitos Sociais que deságua na proibição de *regressividade* destes. A *progressividade*, característica dos Direitos Humanos e fundamentais, incluídos neste rol os trabalhistas, consagra maior extensão e

---

(218) SARLET, Ingo W. Ob. cit., p. 71.
(219) SARLET, Ingo W. Ob. cit., p. 57 e 61, cita a lição de E. Denninger, que se ocupa da redescoberta dos Direitos de Segurança, meio ambiente sadio e equilibrado, proteção da liberdade em face dos riscos e agressões gerados pela tecnologia.
(220) Pode-se falar de uma máxima hermenêutica de "uma interpretação em harmonia com os Direitos Fundamentais". Nesse sentido: PÉREZ LUÑO. *Derechos humanos, Estado de derecho y Constitución*. 5. ed. Madrid: Edit. Tecnos, 1995. p. 284 e ss. e PAULO BONAVIDES. *Curso de direito constitucional*, 7. ed. São Paulo: Malheiros, 1997. p. 532 e ss.

proteção aos direito sociais. Completando e aprofundando esse princípio, emerge a *irreversibilidade* ou o *dever da não regressão*: não são admitidos atos normativos que privem os trabalhadores da fruição das garantias e Direitos Fundamentais.

Os princípios da *progressividade* e da *irreversibilidade* ou da vedação da regressão social dão origem ao cânone da conservação (ou não derrogação) do regime mais favorável para o trabalhador, reputado como fundamento primeiro do Direito do Trabalho.

O Brasil consagra expressamente a *progressividade* e a *irreversibilidade* no art. 7º, *caput,* da Constituição Federal quando dispõe que são direitos dos trabalhadores os direitos ali elencados *além de todos aqueles que melhorem sua condição social.* Em suma, todos os direitos e garantias que foram ou venham a ser obtidos após a edição da Carta de 1988, a par daquilo que já tipificado em Tratados e Convenções Internacionais e normas anteriores à própria Constituição, são protegidos pelos referidos princípios.

Emerge claro que, pela sua natureza de Direito Humano, Fundamental e Social, a greve não pode sofrer retrocesso por lei, negociação coletiva, pela jurisprudência ou por práticas judiciárias e processuais.

A dignidade é uma qualidade integrante e irrenunciável da própria condição humana. Todo princípio, regra ou instituto que a garanta não pode ser desprezado ou suprimido. Desse princípio maior, emerge um complexo de direitos e liberdades fundamentais que devem ser respeitados pelo Estado e pelos particulares.

Portanto, a greve não pode ser tida como delito, cerceada pela lei ou pelo Poder Judiciário. Ao contrário, é um Direito Fundamental assegurado por Tratados ou Convenções Internacionais e, no Brasil, pela Constituição Federal, que diz caber aos trabalhadores a análise da conveniência e oportunidade de sua deflagração. Como direito da pessoa humana, está resguardada de qualquer retrocesso jurídico e social pelos cânones da *progressividade* e da *irreversibilidade.*

No caso do Brasil, a greve dá concretude ao princípio do valor social do trabalho e a outros consagrados na Constituição, como o do meio ambiente sadio e equilibrado, remuneração justa, isonomia de tratamento, direito à saúde e ao lazer, jornadas de trabalho razoáveis (entre outros), umbilicalmente relacionados ao superprincípio da Dignidade da Pessoa Humana.

A greve diz respeito ao coletivo dos trabalhadores, não constituindo o seu exercício legitimação exclusiva das entidades sindicais. Esta conclusão resta autorizada por instrumentos normativos de direito internacional, pronunciamentos da OIT e pela realidade das relações sociais. No Brasil, este entendimento é reforçado pelo disposto no art. 9º da Constituição que dispõe caber aos trabalhadores decidir sobre a oportunidade de exercê-lo e sobre os interesses que devam por meio dele defender.

A greve tem sede no âmbito das relações contratuais econômico-profissionais, mas também pode ter cunho político e de solidariedade. Greves contra políticas salariais, econômicas e sociais regressivas não podem ser descartadas. Tampouco, aquelas que visam à implementação de normas e condutas que acresçam direitos e vantagens ou evitem a precarização das relações laborais por meio de *dumping social*, deslocamento empresarial, terceirização e modalidades de flexibilização *in pejus* do Direito do Trabalho.

As greves assumem várias formas tais como a intermitente, a de zelo, a de ocupação, de excesso de produção (ativa ou "japonesa"), a "tartaruga" e a rotativa. Outra espécie digna de registro é a greve ambiental, pois relacionada à evolução atual dos Direitos Humanos no tocante ao meio ambiente, inclusive do trabalho.

A Lei de Greve brasileira (n. 7.783/89) ofende o princípio da não regressividade ou da irreversibilidade ao restringir o mandamento do art. 9º da Constituição Federal, impingindo requisitos e formalidades contra este Direito Fundamental. Com efeito, agasalha em seus preceitos inúmeras restrições ao seu pleno exercício, pondo em xeque o princípio da valorização social do trabalho em prol dos interesses econômicos. Ademais, a conceituação restritiva do instituto está em dissonância com o seu moderno significado, que compreende as mais diversas formas de atuação coletiva.

Quando não logram êxito com os interditos possessórios, os empregadores, não raro, lançam mão de cautelares, medidas antecipatórias do mérito, dissídios de greve e outras medidas judiciais para coibir piquetes, assembleias, reuniões, carros de som, colocação de faixas e cartazes, quando não a própria greve. Além do Direito Fundamental de greve, esta prática judicial afronta os direitos de reunião e livre manifestação do pensamento.[221] Nessa atuação há ainda uma grave discriminação no tocante aos trabalhadores que têm tolhidos os direitos de livre expressão e de reunião quando paralisam coletivamente o trabalho, exercendo seu direito de pressão e reivindicação.

As cominações pecuniárias fixadas em interditos possessórios (ou "trabalhistas..."), cautelares, antecipações de tutela de mérito e Dissídios de Greve aos sindicalistas e às suas entidades sindicais, inclusive em movimentos realizados diretamente pelos obreiros, denotam um escopo intimidatório, inibindo as ações reivindicatórias, sobretudo quando as sanções são estabelecidas sob a condição de que a greve cesse ou não se realize. Essas multas, com frequência, excedem em muito a capacidade de pagamento dos sindicatos, afetando o seu regular funcionamento[222].

---

(221) PORTO, Noemia. *Criminalização de condutas sindicais..."* p. 230.
(222) CRIVELLI. Ob. cit., p. 1429.

Além das multas, frequentemente, são impostas indenizações que não atentam para a existência concreta de prejuízo ou de sua real dimensão, ou, ainda, a autoria dos atos tidos com ilícitos ou abusivos. Sói acontecer que, sob o pretexto de coibir abusos, a condenação em indenizações — como no caso das multas e das decisões em sede de interditos, cautelares etc. — visa impedir a greve ou obrigar o obreiro a retornar ao trabalho, como se o Magistrado pudesse substituir a vontade dos grevistas pela sua, do Estado, dos empresários, consumidores e meios de comunicação.

A criminalização de condutas coletivas, sociais e sindicais é incompatível com o Estado de Direito e com os seus princípios, notadamente, o da Dignidade da Pessoa Humana e o da Valorização do Trabalho. O mesmo se diga de práticas repressoras e discriminatórias contra trabalhadores, dirigentes classistas e entidades sindicais em razão da participação ou organização de greves.

REFERÊNCIAS BIBLIOGRÁFICAS

ABRAMOVICH, Victor; COURTIS, Christan. *Los derechos sociales como derechos exigibles*. Madrid: Editoral Trotta, 2004.

BARBAGELATA, Héctor -Hugo. Os princípios de direito do trabalho de segunda geração. In: *Cadernos da Amatra* IV, 7, abr./jun. 2008, ano III, HS Editora, Porto Alegre.

BARCELOS, Ana Paula de. *A eficácia dos princípios constitucionais, o princípio da dignidade da pessoa humana*. 2ª tiragem. Rio de Janeiro: Renovar, 2004.

BARROS, Alice Monteiro de. *Curso de direito do trabalho*. São Paulo: LTr, 2005.

BAUMAN, Zygmunt. *Vida para consumo*. A transformação das pessoas em mercadoria. Rio de Janeiro: Zahar, 2008.

CAMPILONGO, Celso Fernandes. *O direito na sociedade complexa*. 2. ed. São Paulo: Max Limonad, 2000.

CANOTILHO, J. J. *Direito constitucional e teoria da Constituição*. 3. ed. Coimbra: Almedina, 1999.

CASTELO, Jorge Pinheiro. *Direito material e processual do trabalho e a pós-modernidade*. São Paulo: LTr, 2003.

CESÁRIO, João Humberto. *Direito constitucional fundamental de greve e a função social da posse na legislação do trabalho*. v. 72, n. 3, LTr, março de 2008.

CORNAGLIA, Ricardo J. O princípio de progressividade como proteção da propriedade social e da integridade do trabalhador. In: RAMÍREZ, Luis Enrique; SALVADOR, Luiz (coords.). *Direito do trabalho:* por uma carta sociolaboral latino-americana. São Paulo: LTr, 2012.

CORONEL, Raquel. El sujeto de la huelga. In: RAMÍREZ, Luis Enrique. *Derecho del trabajo y derechos humanos*. Montevideo-Buenos Aires: Ed. IbdF, 2008.

CORRALES, Nanci. Ocupación y solución de conflictos colectivos. In: *XVII Jornadas Uruguayas de Derecho del Trabajo y de la Seguridad Social, apud* Direito Sindical no Uruguai.

_____. *Direito sindical no Uruguai*. In: MELO FILHO, Hugo Cavalcante; AZEVEDO NETO, Platon Teixeira de (coords.). *Temas de direito coletivo do trabalho*. São Paulo: LTr, 2010.

CRESPO, Guillermo F. Pérez. El sujeto en el derecho de huelga. In: *Derecho del trabajo y derechos humanos*. Montevideo-Bueno Aires: Editorial IbdF, 2008.

CRIVELLI, Ericson. Interditos proibitórios *versus* liberdade sindical — uma visão panorâmica do direito brasileiro e uma abordagem do Direito Internacional do Trabalho. *Revista LTr*, n. 12, São Paulo, dezembro 2009.

DELGADO, Mauricio Godinho. *Curso de direito do trabalho*. 8. ed. São Paulo: LTr, 2009.

FERNANDEZ, Leandro. O direito de greve como restrição à liberdade de empresa. *Revista Síntese* (Trabalhista e Previdenciária), n. 280, 10/2012, IOB, São Paulo.

FEUERBACH, L. *Princípios da filosofia do futuro*. Edições 70. Textos Filosóficos, 1999.

FIORILLO, Celso Antonio Pacheco. *Curso de direito ambiental brasileiro*. São Paulo: Saraiva, 2000.

FLORES, Joaquin Herrera. *Los derechos humanos como productos culturales* — crítica del humanismo abstracto. Madrid: Los libros de la catarata, 2005.

_____. *A (re) invenção dos direitos humanos*. Florianópolis: Fundação Boiteux, 2003.

GAUDU, François. Les droits sociaux. In: CABRILAC, Rémy. FRISON-ROCHE, Marie-Anne; REVET, Thierry. *Libertés e droits fondamentaux*. 15. ed. Paris: Dalloz, 2009.

GIL, Luiz Enrique de la Villa. Las indemnizaciones escandalosas como medida indirecta de limitación del derecho de huelga. Una reflexión general al socaire de un caso particular. In: PERERIO, Jaime Cabeza; GIRÓN, Jesús Martínez (coords.). *El conflicto colectivo y la huelga*. Murcia: Ediciones Laborum, 2008.

GIUGNI, Gino. *Diritto sindicale*. 5. ed. Bari: Cacucci Editore, 2002.

GOLDNER, Ivone Cordeiro. El principio de no regresividad social en el derecho laboral.In: TAYAH, José Marco. ROMANO, Letícia Danielle; ARAGÃO, Paulo (coords.). *Reflexiones sobre derecho latino-americano*. v. 4. Buenos Aires: Editorial Quorum, 2011.

GRAU, Antonio Pedro Baylos. El derecho de huelga. In: NAVARRO, Antonio V. Sempere (Director). *El modelo social en la Constitución Española de 1978*. Madrid: Ministerio de Trabajo e Asuntos Sociales, 2003.

_____. La ruída del derecho del trabajo: tendencias y límites de la deslaboralización. Alárcon/Miron (coord.). In: *El trabajo ante el cambio del siglo*: un tratamiento multidisciplinar. Madrid.

_____. *Titularidad y ejercicio del derecho de huelga*: los inmigrantes irregulares como ejemplo in el conflicto colectivo y la huelga (Estudios en Homenaje al Professor Gonzalo Diéguez). PERERIO, Jaime Cabeza; GIRÓN, Jesús Martínez (coords.). 1. ed. Murcia: Ediciones Laborum, 2008.

ITURRASPE, Francisco. O direito de greve com fundamento de um direito do trabalho transformador. In: RAMÍREZ, Luis Enrique; SALVADOR, Luiz (coords.). *Direito do trabalho*: por uma carta sociolaboral latino-americana. São Paulo: LTr, 2012.

JAVILLIER, Jean-Claude. In: *Droit du travail*. 5. éd. Paris: L.G.D.V., 1996.

LEITE, Carlos Henrique Bezerra. A greve do servidor público civil e os direitos humanos. Artigo publicado no *site* do Planalto. Disponível em: <www.planalto.gov.br/ccivil_03/revista/Rev_34/.../Art_carlos.htm>.

LIPOVETSKY, Gilles. *A felicidade paradoxal, ensaio sobre a sociedade de hiperconsumo*. São Paulo: Companhia das Letras, 2007.

LOBATO, Marthius Sávio Cavalcante. O exercício do direito de greve no estado democrático de direito: a reconstrução dos direitos sociais a partir da afirmação dos direitos fundamentais em uma comunidade de princípios. In: COUTINHO, Grijalbo Fernandes; MELO FILHO, Hugo Cavalcanti; SOUTO MAIOR, Jorge Luiz; FAVA, Marcos Neves (coords.). *O mundo do trabalho*. v. I. São Paulo: LTr, 2009.

MANUS, Pedro Paulo Teixeira. *Direito do trabalho*. 8. ed. São Paulo: Atlas, 2003.

MAZEUD, Antoine. *Droit du travail*. 2. ed. Paris: Montchrestien, 2000.

MELO, Raimundo Simão de. *Direito ambiental do trabalho e a saúde do trabalhador*. São Paulo: LTr, 2004.

MELO, Sandro Nahmias. Meio ambiente do trabalho e greve ambiental. *Revista LTr*, v. 73, n. 02, São Paulo, fevereiro de 2009, p. 145.

MOULY, Jean. Les droits sociaux à l'épreuve des droits de l'homme. *Droit Social*, 9.10.2002, n. 9/10, Paris.

MURADAS, Daniela. O princípio da vedação do retrocesso jurídico e social no direito coletivo do trabalho. In: MELO FILHO, Hugo Cavalcanti e; AZEVEDO NETO, Platon Teixeira de (coords).*Temas de direito coletivo do trabalho*. São Paulo: LTr, IGT e ALJT (editores), 2010.

NASCIMENTO, Amauri Mascaro. *Compêndio de direito sindical*. 2. ed. São Paulo: LTr, 2000.

OLIVAS, Enrique. In: *Desórdenes sociales y ajustes constitucionales*. Globalización y derecho. Madrid: Editorial Dilex. SL, 2004. Coord. Jesús Lima Torrido, Enrique Olivas y Antonio Ortíz-Arce de la Fuente.

PAIXÃO, Cristiano; LOURENÇO FILHO, Ricardo. A repressão à greve e o apagamento da Constituição. Brasília: Faculdade de Direito da UnB e SINDJUS/DF. In: *Constituição e democracia*, n. 18, dezembro de 2007.

_____. A greve e sua conformação pelo TST: desvelando mentalidades. In: *O Mundo do Trabalho*. v. 1. COUTINHO, Grijalbo F.; MELO FILHO, Hugo; SOUTO MAIOR, Jorge Luiz; FAVA, Marcos Neves. São Paulo: LTr, 2009.

PAJONI, Guillermo. La huelga es un derecho humano. In: RAMÍREZ, Luiz Henrique (coord.). *Derecho del trabajo y derechos humanos*. Montevidéo-Buenos Aires: Editorial IbdF , 2008.

PECES-BARBA, Gregório. Reflexiones sobre los derechos sociales. In: *Derechos Sociales y Ponderación*, obra conjunta sobre Teoria dos Direitos Fundamentais de Robert Alexy. Madrid: Fundación Coloquio Jurídico Europeo, 2007.

PÉLISSIER, Jean; AUZERO, Gilles; DOCKES, Emmanuel. *Droit du travail*. 26. ed. Paris: Dalloz, 2012.

PÉLLISSIER Jean; SUPIOT, Alain; JEAMMAUD, Antoine. *Droit du travail*. 24. ed. Paris: Dalloz, 2008.

PÉREZ, José Luis Monero. "El modelo normativo de huelga en la jurisprudencia del Tribunal Constitucional". In: *El conflicto colectivo y la huelga, estudios en homenaje al profesor Gonzalo Diéguez*. Ediciones Laborium, Coordinadores, Jaime Cabeza Pererio y Jesús Marínez Girón, Murcia, 1. ed. 2008.

PÉREZ, Luño. *Los derechos fundamentales*. 6. ed. Madrid: Tecnos, 1995.

PIOVESAN, Flávia. *Direitos humanos e o direito constitucional internacional*. São Paulo: Max Limonad, 2002.

_____. *Direitos humanos, globalização econômica e integração regional*. São Paulo: Max Limonad, 2002.

PORTO, Noêmia Aparecida Garcia. A greve como um direito: irritações entre os sistemas e desafios à estabilização de expectativas. *Revista Trabalhista Direito e Processo*, n. 26, 2008, LTr, São Paulo.

_____. Criminalização de condutas sindicais: greves, interditos e dissídios, as tendências que desafiam o Estado Democrático de Direito. In: MELO FILHO, Hugo Cavalcanti; AZEVEDO NETO, Platon Teixeira de (coords.). *Temas de direito coletivo do trabalho*. São Paulo: LTr, IGT e ALJT (editores), 2010.

RAY, Jean-Emmanuel. In: *Droit du travail droit vivant*. 20. éd. Paris: Editions Liaisons, 2011/2012.

SANTOS, Ronaldo Lima dos. Interditos proibitórios e direito fundamental de greve. *Revista Justiça do Trabalho*. Porto Alegre: HS Editora, janeiro de 2011.

SARLET, Ingo Wolfgang. *A eficácia dos direitos fundamentais*. 9. ed. Porto Alegre: Livraria do Advogado.

_____. O Estado Social de Direito, a proibição de retrocesso e garantia fundamental da propriedade. *Revista Diálogo Jurídico*, ano I, v. I, n. 07, Salvador.

_____. Os Direitos Sociais como cláusulas pétreas. *Revista Interesse Público*, C7, 2003.

SANTOS, Boaventura de Sousa. Por uma concepção multicultural de Direitos Humanos. In: SANTOS, Boaventura de Sousa (org). *Reconhecer para libertar:* os caminhos do cosmopolitismo cultural. Rio de Janeiro: Civilização Brasileira, 2003.

_____. *Para uma revolução democrática da justiça*. São Paulo: Cortez, 2007.

_____. *As tensões da modernidade*. Disponível no *site* Globalismo Jurídico: <http://globalismojuridico.blogspot.com/2008/08/pensamento.html>.

SOUTO MAIOR, Jorge Luiz. Negociação coletiva de trabalho em tempos de crise econômica. *Revista IOB*, n. 237, São Paulo, 2009.

SOUZA, Ronald Amorim. *Greve e locaute:* aspectos jurídicos e econômicos. Coimbra: Almedina, 2004.

SUPIOT, Alain. *Le travail en perspectives*. Paris: L.G.D.J, 1998.

SÜSSEKIND, Arnaldo. *Direito constitucional do trabalho*. 1. ed. Rio de Janeiro: Renovar, 1999.

VELASQUEZ, José Luis. La fundamentación de la dignidad. In: *Bioética*: la cuestión de la dignidad. Madrid: Universidad Pontificia Comilas, Lydia Feito Editora, 2004.

VIANA, Márcio Túlio. *Direito de resistência* — possibilidade de autodefesa do empregado em face do empregador. São Paulo: LTr, 1996.

_____. *Direitos humanos:* essência do direito do trabalho. 1. ed. São Paulo: LTr, 2007.

_____. *Da greve ao boicote:* os vários significados e as novas possibilidades das lutas operárias. (Ver. Trib. Reg. 3ª Reg. Belo Horizonte, v. 49, n. 79,121, jan/jun. 2009)

_____. Criminalização de condutas sindicais: entre greves, interditos e dissídios, as tendências que desafiam o Estado Democrático de Direito. In: CAVALCANTI, Ugo; TEIXEIRA, Platon (coords.).*Temas de direito coletivo do trabalho*. São Paulo: LTr, 2010.

SITES PESQUISADOS

Jus Brasil: <http://www.jusbrasil.com.br/noticias/149882/oab-e-mais-sete-entidades-queremcriminalizar-praticas-art:-sindicais>.

Jus Brasil: <http://www.jusbrasil.com.br/noticias/83971/oab-recebe-denuncias-decentrais-sobre-criminalizacao-dos-movimentos-sociais>.

Planalto: <www.planalto.gov.br/ccivil_03/revista/Rev_34/.../Art_**carlos**.htm>.

Tribunal Superior do Trabalho: <www.tst.jus.br>.

MATÉRIAS PESQUISADAS

Jornal O Globo, Economia, Miriam Leitão, p. 30 e 31 publicação de 4.9.2009.

MEGUIRA, Horacio David. *El derecho de huelga no debe ser penalizado*. Matéria publicada no Jornal Clarín, Buenos Aires: 22.6.12.